Renward Brandstetter

Prolegomena zu einer urkundlichen Geschichte der Luzerner Mundart

Renward Brandstetter

Prolegomena zu einer urkundlichen Geschichte der Luzerner Mundart

ISBN/EAN: 9783743374065

Hergestellt in Europa, USA, Kanada, Australien, Japan

Cover: Foto ©ninafisch / pixelio.de

Manufactured and distributed by brebook publishing software (www.brebook.com)

Renward Brandstetter

Prolegomena zu einer urkundlichen Geschichte der Luzerner Mundart

Urkundliche Geschichte

der

Luzerner Mundart.

Prolegomena

zu einer

Urkundlichen Geschichte

der

Luzerner Mundart

von

Dr. Renward Brandstetter.

Professor in Luzern.

Druck von
Benziger & Co. in Einsiedeln.
Nachfolger von Gebr. Carl und Nicolaus Benziger.
1890.

Meinem innigst verehrten Lehrer

Franz Misteli

in Dankbarkeit

zugeeignet.

I. Kapitel.
EINFÜHRUNG.

Quellen und Hülfsmittel.

§ 1. Die Quellen, welche ich für meine Abhandlung benutzt, sind, einige im Geschichtsfreund[1]) abgedruckte Urkunden ausgenommen, ausschliesslich Handschriften. Die meisten befinden sich im Staatsarchiv Luzern, andere im Stadtarchiv Luzern, andere in der Bürgerbibliothek Luzern, in den Archiven von Beromünster, Sursee und Willisau, und in Privathänden. Eine eingehende Schilderung derselben folgt im III. Kapitel. Die Beschaffenheit der Quellen bringt es mit sich, dass ich fast nur nach Jahrzahlen zitieren kann, indem ein grosser Theil aus fliegenden Blättern besteht und andere, die Buchform haben, nicht paginiert sind. So zitiere ich folgende Stelle, die einem fliegenden Blatt aus dem Aktenbündel IV Personalia. Alt. Regist. Pars V. Cap. 13. Art. 19. No. 4. Staatsarchiv Luzern entnommen ist, nur: „*mit einem bätj*[2]) *und 2 angness dei*[3]) 1619."

Damit meine Abhandlung nicht allzu abstrakt werde, habe ich immer eine grössere Zahl von Belegen zur Illustrierung der verschiedenen Fälle herbeigezogen. Diese Belege sind dazu möglichst so ausgelesen, dass sie auch für das Idiotikon, für das mhd. Lexikon, etc. verwertbar sind. Dass sie nicht selten drastisch klingen, liegt in der Beschaffenheit der Quellen.

---

[1]) abgekürzt: Gfd.
[2]) Paternoster.
[3]) ein Amulet mit dem Gepräge des Gotteslammes.

§ 2. Selbstverständlich haben mir das Idiotikon[1]) und die verschiedenen über Schweizer Mundarten erschienenen Abhandlungen vielfach Anregung geboten. Diese Abhandlungen brauche ich hier nicht anzuführen. Sie sind von Adolf Socin in Herrigs Archiv, Band 83, vollständig aufgezählt. Die meisten Dienste haben mir geleistet: Hunziker, Aargauer Wörterbuch in der Lautform der Leerauer Mundart,[2]) und Stickelberger, Konsonantismus der Mundart von Schaffhausen,[3]) PBB XIV.

§ 3. Von Schriften, die nicht unmittelbar die mundartliche Forschung beschlagen, werde ich folgende mehrmals zu zitieren in den Fall kommen:

Mehrere Partien aus: Grundriss der germanischen Philologie, herausgegeben von Hermann Paul.

Adolf Socin, Schriftsprache und Dialekte im Deutschen.

Friedrich Kauffmann, Geschichte der schwäbischen Mundart.

Friedrich Kluge, Von Luther bis Lessing.

Otto Behaghel, Zur Frage nach einer mittelhochdeutschen Schriftsprache.

Ludwig Tobler, Über die Wortzusammensetzung.

W. Braune's Abhandlung: Über die Quantität der althochdeutschen Endsilben, in PBB II.

Karl von Bahder, Grundlagen des neuhochdeutschen Lautsystems.

Segesser, Rechtsgeschichte des Kantons und der Republik Luzern.

J. L. Brandstetter, Beiträge zur schweizerischen Ortsnamenkunde, Gfd. 1889.

Meine Abhandlung: Blasphemiae Accusatae,[4]) Z. F. D. A. XXX. N. F. XVIII, S. 399—414.

---

[1]) abgekürzt: Id.
[2]) „ Hunziker Wörterbuch.
[3]) „ Stickelberger Konsonantismus.
[4]) „ Blas Acc.

Zeichen und Abkürzungen.

§ 4. Ma = Mundart.
MaLuz = Mundart von Luzern.
L = die jetzt lebende MaLuz.
V = die MaLuz in der Vergangenheit, gleichgültig, ob das betreffende Sprachgut ausgestorben ist oder noch existiert.
A oder † = Ausgestorbenes Sprachgut der MaLuz.
KanzLuz = die Luzerner Kanzleisprache, und zwar seit ihrer Entstehung bis heute.
KirchLuz = die Luzerner Kirchensprache.

§ 5. Sämmtliches angeführte L Sprachmaterial ist phonetisch geschrieben und durch gesperrten Druck ausgezeichnet.

Sämmtliche Zitate aus den Quellen sind in ihrer Orthographie wiedergegeben, und durch Kursivdruck hervorgehoben. — Das in ihnen enthaltene V Sprachgut ist (kursiv und) gesperrt gedruckt. Beispiel: *ein kleine h a m p f f l e t e n*[1]) *saltz* 1551 — *Ein a r f e l*[2]) *holtz holen* 1580 — *aber kein m u m p f e l*[3]) *brot sy iren nit worden*[4]) 1591 — Hier sind die drei Wörter: h a m p f f l e t e n, a r f e l, m u m p f e l gesperrt gedruckt, denn sie sind V, während die übrigen zur KanzLuz gehören.

Spielen in L Sandhigesetze mit, so gebe ich beide Formen, die Pada- und die Samhitaform, an, letztere geht natürlich voraus und der Padatext folgt in {} unmittelbar darauf. Beispiel: χompaben au {χond, t, babe, au} kommt die Barbara auch?

Der genaue phonetische Wert von A Lautkomplexen kann natürlich nur durch Raisonnement eruiert werden. Solche erschlossene Werte bezeichne ich mit **, z. B: **loχsneri, geschrieben: *lachsnerin* 1424 die Zauberin. Beleg: *also der kneht het x r iij ß verlorn die im verstolen sint da*

---

[1]) eine Hand voll.
[2]) Arm voll.
[3]) Mund voll.
[4]) zu Theil geworden.

sprach hensli Switer zuo im er wüste ein lachsnerin dz er mit im gienge so wölt er jnn füeren zuo der frowen. Ratsprotokoll Luzern 1424, S. 27 (alte Paginatur) oder S. 55b (neue Paginatur).

Transskription.

§ 6. e, o, ō sind die geschlossenen, e, o, ö die offenen Laute; λ ist das dumpfe l; ñ der gutturale Nasal. Wenn der Vokal i in steigenden Diphthongen und als Übergangslaut konsonantische Funktion hat, stelle ich ihn durch j dar, z. B: jor das Jahr; si mḷijid sie mähen. Die übrigen Buchstaben bedürfen keiner Erklärung.

Die Länge der Vokale ist durch Fettdruck angegeben, z. B: **rad** das Rad; **masse** die Masse.

Die Fortis ist durch Doppelschreibung des Buchstabens von der Lenis unterschieden, z. B: **šof** Schaf; aber: **šaffe** schaffen; **šloffe** schlafen. Die Unterscheidung in diese zwei Kategorien, Fortis und Lenis, ist allerdings mangelhaft, denn, die Lenis als Basis angenommen, giebt es in der Fortis zum mindesten fünf deutlich unterscheidbare Grade, die, abwärtsschreitend, folgende Stufenleiter bilden:

a) **anna** Anna: Der Laut befindet sich zwischen zwei starktonigen Sonanten; es ist eigentlich Gemination, nicht Fortis.

b) **rönne** rennen: Der Laut steht zwischen einem stark- und einem schwachtonigen Sonanten; eigentliche Fortis.

c) **senn** Sinn: Der Laut steht am Ende; schwächer als b).

d) **rannd** Rand: Der Laut steht zwischen Sonant und Konsonant; schwächer als c).

e) **baχχrannd** Bachrand: Gleiche Stellung wie bei d), aber die Silbe hat Nebenstarkton; schwächer als d).

Ich bezeichne nur in den drei ersten Fällen die Fortis, schreibe also **senn**, aber **rand**.

§ 7. Die zwei Zeichen ‑ und ˅ verwende ich ausschliesslich zur Bezeichnung der Akzentstärke einer Silbe, niemals zur Angabe der Quantität. Eine Silbe ist entweder starktonig oder schwachtonig. Den Starkton bezeichne ich mit [-], den Schwachton mit [ᴗ]. Beispiel: rōse [-ᴗ] die Rose; erloge [ᴗ-ᴗ] erlogen. Hinter das nhd. „Nachmittag" muss ich [---] setzen, denn alle drei Silben sind starktonig, hinter L formitag aber [-ᴗ-], denn die mittlere ist schwachtonig, oder, historisch ausgedrückt, geschwächt.

Hat ein Silbenkomplex mehr als einen Starkton, so ist einer von diesen der Hauptstarkton, und bilden die Silben ein Wort, so ist in der Regel der erste Starkton Hauptstarkton. Den Hauptstarkton bezeichne ich mit [ᴧ], z. B: išloffe [ᴧ-ᴗ] einschlafen, mit Hauptstarkton auf i, aber māijerisli [-ᴗᴧᴗ] die Syringe, mit Hauptstarkton auf ris. L χö ⸍χi [-ᴗ] Köchin, hat keinen Nebenstarkton, wohl aber das aus dem Nhd. entlehnte frȯndenn [ᴧ-] Freundin.

Enthält ein Silbenkomplex mehr als eine schwache Silbe, so hat immer eine etwas mehr Ton als die andern, diese nenne ich den Hauptschwachton [ᴗ̇]. Meistens ist es die zweite Silbe. In axxeretsi {axxerid, si}[-ᴗᴗ̇ᴗ] ackeren sie? hat ret den Hauptschwachton, in e nüdefferi [ᴗ-ᴗ̇ᴗ] eine Neudorferin, dagegen deff.

Da Pada- und Samhita-form immer gleich viel Silben haben, so lasse ich die Angabe des Akzentes nach derjenigen der Padaform folgen.

Man übersehe nicht, dass die Zeichen [-] und [ᴗ] zugleich auch die Zahl der Silben angeben. Schreibe ich z. B: theulogi [--ᴧ] Theologie; fielet [-ᴧ] violett, so zeigen mir [--ᴧ], resp. [-ᴧ] an, dass theulogi dreisilbig und fielet zweisilbig ist, dass somit „eu" und „ie" hier Diphthonge sind.

Es ist Brauch und auch notwendig, dass die Sonanten in schwachtonigen Silben, so das „e" von rōse [-ᴗ], das „r" in axxr [-ᴗ] Acker, das „λ" in bätλ [-ᴗ] Bettel, durch Beifügung diakritischer Zeichen gekennzeichnet werden. Da mir aber, wie oben bemerkt, die Zeichen [-] und [ᴗ] zugleich auch die Zahl der Silben angeben, kann ich davon abstrahieren. Denn steht z. B: šeλm [-] Dieb, so zeigt [-] an, dass das Wort einsilbig ist, somit weiss ich auch, dass „m" als Konsonant figuriert. Habe ich dagegen welm [-⌣] welchem?, so weist [-⌣] darauf hin, dass das Wort zweisilbig ist, folglich muss „m" Sonant sein. (Man beachte auch die Verschiedenheit der beiden „l".)

II. Kapitel.

Die Luzerner Mundart.

Benennung der Mundart.

§ 8. Es giebt keine allgemein gebräuchliche Benennung für die MaLuz. Man sagt etwa, aber nur selten: de lutsärneret [⌣-⌣⌣⌣] „er luzernert". Die Entlebucher (siehe § 9) nennen das Gebiet der MaLuz göi [-] Gäu, und brauchen den Ausdruck de göijeret [⌣-⌣⌣] „er gäuert". In Signalementen des vorigen Jahrhunderts findet sich der Ausdruck „† luzernerbieterisch", z. B: Redet † Luzernerbieterisch 1789.

Geographische Verhältnisse.

§ 9. Die MaLuz wird im ganzen Kanton Luzern gesprochen, mit Ausnahme des Entlebuchs. Sie ist umgrenzt von den Aargauer, Zuger, „Länder", Entlebucher und Berner Idiomen. Die Aargauer und Zuger Ma weichen von der MaLuz wenig ab, die übrigen dagegen bedeutend. Im ganzen Gebiet wird die Ma gleichförmig gesprochen, mit folgenden erwähnenswerteren Ausnahmen. Bei der bekannten Ersatzdehnung für Schwund eines Nasals ergeben sich aus mhd. „in, un, ün" L „ei, ou, öi", die Stadt Luzern un ihre Umgebung bildet dagegen nicht Diphthonge, sondern lange Vokale: „i, u, ü". So heisst Beromünster in L möištr [-ᴗ], die Stadt dagegen sagt: müštr [-ᴗ]. Die Stadt bildet dadurch den Uebergang zu den anstossenden „Länder" Ma, welche ebenfalls lange Vokale aufweisen. Ferner haben die Bürgerkreise der Stadt (ohne Umgebung) die alten langen Vokale in fri [-] frei; nü [-] neu; etc. behalten, während sonst L frei [-]; nöi [-] sagt. Im Surenthal hört man häufig „ei" und „ou", z. B: nei [-]; boum [-], in Übereinstimmung mit der benachbarten Aargauer Ma (Leerau), während das übrige L näi; baum spricht. In Grenzdörfern findet Mischung mit angrenzenden Ma statt, so namentlich in Weggis und Vitznau.

Die Schichten der Mundart.

§ 10. Wenn ich von L spreche, so meine ich damit die Ma in ihrer strengsten Reinheit, wie sie im Munde des Kleinbauers, des Taglöhners klingt. Der Wortschatz, weniger die Syntax der Sprache des Gebildeten sind vielfach vom Nhd. durchsetzt, was übrigens natürlich ist, da die Ma bei ihrem Mangel an abstraktem Sprachmaterial (Konjunktionen und abstrakten Substantiven) zum Ausdruck der Ideen des Gebildeten nicht hinreicht. So gebraucht dieser in einem fort Ausdrücke wie freihäit [ˊ-]; fatrland |ˊᴗ-]; tröiji [-ᴗ]. Der taunr [-ᴗ] Tagelöhner, aber spricht solche Wörter nie aus, sie kennzeichnen sich auch durch ihren Lautstand oft als Eindringlinge, indem z. B. mhd. vriheit in der Ma freijet [-ᴗ] lautet (es bedeutet „freier Platz" und ist nur in Beromünster bekannt). Solche fremde Elemente übergehe ich entweder ganz oder führe sie dann doch ausdrücklich als das, was sie sind, als Gäste im Kreise der Gebildeten, an.

Wenn dagegen Entlehnungen aus dem Nhd. ganz allgemein geworden sind, so müssen sie, und wenn sie auch noch so modern und fremdartig klingen, als wahres Eigentum der Ma betrachtet und aufgezählt werden, z. B: teligraf [-⌣ˊ] Telegraph; lokχematif [-⌣-ˊ] Lokomotiv; štrekχi [-⌣] Streik. Es ist selbstverständlich, dass in Folge der Schulbildung und der Zeitungslektüre solche Ausdrücke in immer weitere Kreise dringen. Dabei wird nicht selten genuines Sprachmaterial verdrängt. So heisst in der reinen Ma der „Deutsche" durchaus tütšländr [ˊ-⌣], z. B: de hed e tütšländeri khürotet er hat eine Deutsche geheiratet. Doch hört man jetzt ganz allgemein e tütše [⌣ˊ⌣] masc.; e tütši [⌣ˊ⌣] fem., und e tütšländr ist im Verschwinden begriffen.

In andern Kantonen, wo das Städte- und Industrieleben vorherrscht, sind die eben geschilderten Entlehnungen viel allgemeiner und haben da als wahre Bestandtheile der betreffenden Ma zu gelten. So finde ich es durchaus berechtigt, dass Binz, zur Syntax der Baselstädtischen Ma, S. 17, die Wendungen: „gspickt mit, bigierig no, versässen uf" anführt. In einer Abhandlung über die Luzerner Ma könnten sie, obwohl sie der Gebildete häufig braucht, nicht erwähnt werden, ebenso müssten sie in Dialektdichtungen strenge vermieden werden.

§ 11. Es giebt nun allerdings in der Ma Ausdrücke, die nicht aus dem Nhd. entlehnt sind, und die doch der gemeine Mann nicht braucht. So sagt er z. B. nie: son [-] und toχtr [-⌣], sondern dafür bueb [-] und mäitši [-⌣]. Man würde aber zu weit gehen, wenn man diese Wörter als genuine Bestandtheile der Ma negieren wollte. Wir müssen daher in der Ma zwei Schichten annehmen: Wörter, die allgemein im Gebrauche sind, und Wörter, die nur den gebildetern Klassen angehören. Letztere sind wenig zahlreich.

§ 12. Eine andere Schichtung in der Ma entsteht dadurch, dass religiöse oder auch grobe Ausdrücke künstlich umgestaltet werden. So bekommen wir die zwei Schichten: gewöhnliche und Tabuwörter. Wir treffen nun im Verlauf der Geschichte der MaLuz zwei diametral verschiedene Prinzipien bei der Bildung euphemistischer Wörter. In der I. Periode (bis 1386, siehe § 33) wird der Anlaut umgewandelt und zwar in „schn". Die Fälle sind (§ 73f): † *geschnigen* statt † *gehigen* συμμίγνυσθαί τινι; † *erschnigen* statt *erhigen* erlügen; † *beschnissen* statt *beschissen* betrügen; † *schnallendes übel* statt † *rallendes übel* Epilepsie; † *schnuor* statt *huor* πόρνη. (Das letzte Wort habe ich nur einmal getroffen und zwar erst in der III. Periode: *Jtem sy hab vff einmal j gl.*[1]*) by Hanss Herzogen wellen wechsslenn Das habe er nit thuon wellen vnd geseit Du † schnuor wan du nit rsshin*[2]*) willt so will ich den Batzgerr*[3]*) in dich stossen* 1584).

In der I. Periode sind also diese Bildungen wenig zahlreich. Sie sterben im Anfang der III. (vom Reformationszeitalter an, siehe § 33) aus. Das letzte Mal habe ich eine solche Form getroffen 1604: *vnnd wan er das rede habe er es Reuerenter zumelden † erschnytt*[4]*)*.

In der II. (von 1386 an) und III. Periode entstehen Euphemismen dadurch, dass man die mittlern oder schliessenden Laute gewaltsam ändert. Beispiele: † *Gotz malter* 1490 statt *Gottes marter;* † *Thusent safframent* 1585 statt *sakrament;* L frfluemet [⌣-⌣] statt frfluext [⌣-]; minr sext [-⌣⌄] statt minr sel [-⌣⌄] (bei) meiner Seele, etc. Diese Bildungen sind zahlreich.

§ 13. Des ferneren besteht eine andere Schichtung im Wortschatz der Ma darin, dass neben den gewöhnlichen Ausdrücken solche poetischer Natur vorkommen, reimende Phrasen, figürliche Wendungen, etc. Früher war die Ma in dieser Hinsicht natürlich viel reicher, denn jetzt ist die genuine poetische Kraft des Volkes gleich null, während sie früher sehr bedeutend war, wie die zahlreichen Notizen folgender Art beweisen: *das die doktorin nit allwegen glasslutter gsin sonder sigen lieder von ir gmacht worden* 1546. Überaus zahlreich sind die figürlichen Wendungen im Wortschatz der

---
[1]) einen Gulden.
[2]) hinaus.
[3]) eine Stichwaffe.
[4]) erlogen.

Ma, z. B: *das Fridlin Eglin † vss der kristenheit gewybett habe* 1588, womit sehr anständig die αἰσχρουργία παρὰ τὴν φύσιν bezeichnet wird, u. a.

Im folgenden zähle ich die gebräuchlichen Alliterationen etc. auf, mit Auslassung der ganz bekannten. Die Beispiele sind sämmtlich aus der II. Periode und sämmtlich A.

a) Alliterationen:

knecht vnd küri[1]) *gehigen;*
er wölt das rff si wisen vnd warmachen;
ein mil vnd ein manot von der statt gan;
kratzen vnd krawen;
pfaffen vnd pfiffer;
gewundet vnd geworffen;
vervellen vnd verfudlochen[2]);
mit einer zu schaffen vnd zu schicken han;
Hend vnd Hoden vshowen;
geredt vnd gerüefft;
stuol vnd statt;
möge er jn nit verstan oder verstellen So will man jnen zu beyden sitten dz statt Recht lassen gan;
den schaden zu warnnen vnd ze wenden;
von holtzes vnd howes wegen;
an allen helgen vnd hochziten;
in der meinung vnd mäss;
hetzgen vnd huoren;
dempfen vnd dösen[3]);
angentz vnd rff dz vendist;
kratzen vnd kräblen;
bochen vnd balgen[4]);
bochen vnd bolderen;
gfunden vnd gfangen;
durch ein bützen[5]) *vnd bach geritten.*

---

[1]) Bedeutung?
[2]) V *fudloch*, eigentlich πρωκτός.
[3]) schwelgen.
[4]) schimpfen und schmähen.
[5]) Tümpel.

b) **Assonanzen:**
*beduchtlich vnd besamnet einem warten;
zerworfen vnd zerbrochen;
pfenden vnd ferggen¹);
sin best vnd wegst tuon;
ins kat gesodlet vnd geworffen;
verstanden vnd vergangen;
stüren vnd brüchen²);
mit swenden³) oder grebnen⁴);
rerpitschen⁵) vnd versiglen;
ein wild gesperr vnd getremp⁶);
zanggen vnd balgen.*

c) **Endreime:**
*glogen vnd trogen;
erboren rögt oder erkoren vögt;
öugen vnd zöigen;
ghören vnd gspüren⁷);*
Der Schwur: *gotz element vnd touff schend.*

d) Reim durch Zusammenstellung von Wörtern gleicher Silbenzahl und Silbenstellung:
*sige jm nie ju sinn vnd denck kon allso ze schweren;
bschiss vnd trug;
schelmen vnd dieben;
dann er erhasett vnd erschrocken gsin* (Silbenstellung: [◡-◡].)

§ 14. Eigenes Sprachgut hat auch die Kindersprache, doch beschränkt sich dasselbe auf eine geringe Zahl von Ausdrücken, z. B: bibi [◢-] Schmerz; bubi [-◡] Licht, etc.

§ 15. Eine kurze Erwähnung verdient auch das Luzernerische rŏtwälts [◢-] Rotwelsch. Es besteht nicht in

---
¹) zum Hause hinaustragen.
²) Die Steuern und gebräuchlichen Leistungen abtragen.
³) ausreuten.
⁴) Gräben machen.
⁵) beide gleichbedeutend.
⁶) Herumtreten.
⁷) gesprochen: **kšpǟre, also reiner Reim.

einer Verschiedenheit des Wortschatzes, sondern nur in einer Verdrehung der bestehenden L Sprachformen nach bestimmten Gesetzen:

a) Der zweite Laut eines jeden Wortes ist immer ein konsonantisches „e", der letzte ein langer Vokal.

b) Wörter, die einen Diphthongen enthalten, werden inmitten desselben geteilt: ba um; die zweite Hälfte wird vor die erste gesetzt: um ba; endlich werden noch die Postulate unter a) erfüllt: uemba [⌣-]. Ebenso wird aus L frau [-]: uefra; āi Ei: ieā; söili [-⌣] Schweinchen: ielisö. — Folgt in L auf den Diphthongen noch ein „c" [⌣], so wird im Rotwelschen der Anlaut doppelt gesetzt, während L frau: uefra ergiebt, wird der Plural fraue [-⌣] zu ueuefra; ebenso kheije [-⌣] mhd. gehien zu ieiekhe.

c) Wörter, die einen einfachen Vokal enthalten, werden nach demselben getheilt: ga rte; die zweite Hälfte wird vor die erste gesetzt: rte ga; ist der Vokal dunkel, wie hier, so wird ein „u" vorgeschlagen: uertega: ist er hell, ein „i", z. B: ieñkχe (iend, χe) aus χend [-] Kind; ist es ein Umlaut, ein „ä", z. B: üeχtegiprä aus präχtegi [-⌣⌣] prächtige.

d) Für die Proklitika wird die volle Form substituiert, ausser wenn sie mit dem zugehörigen Wort eine gewisse Einheit bilden. So erscheint der Artikel L „s"=„das" in der vollen Form uesda; ts opfr go [′⌣-] „zum Opfer gehen" dagegen als uepfrtso uego.

Das Luzerner Rotwelsch darf aus zwei Gründen einiges Interesse beanspruchen. Einmal hat sein Princip Ähnlichkeit mit dem der „dritten Art" des Rotwelschen, welche Schottelius S. 1267 schildert. Ferner liefert dasselbe Lautzusammenstellungen, die in keiner wirklichen Sprache denkbar wären. Wenn ich z. B. den Gedankengang habe: „Wem hast du die Geschichte erzählt? Ei, ei, wie kannst du auch fragen, wem denn anders als Frauen, denn für Männer passt sie nicht", so drückt L den Gedanken „Ei, ei, wem anders als Frauen" einfach aus durch: „Ei, ei, auch Frauen" e e au i fraue [ᴧᴧ-ᴗᴧᴗ], und das lautet rotwelsch: iee iee uea iei ueuefra, es müssen also hier 16 Vokale nacheinander gesprochen werden.

Anmerkung. Eine historische Notiz über dieses Luzerner Rotwelsch habe ich nicht gefunden, wohl aber wird das eigentliche Rotwelsch in den Gerichtsakten, zumal des 16. Jahrhunderts, oft erwähnt, z. B: *goumen jn rotwreltsch windhalten geheissen* 1583.

Die fremden Elemente in der Mundart.

§ 16. Die fremden Elemente in der MaLuz beschlagen fast ausschliesslich das Lexikon. Einmal treffen wir auch in L die griech. und lat. Lehnwörter, welche über das ganze Gebiet der deutschen Sprache verbreitet sind, schon in der ahd. Periode eindrangen, und ganz germanisiert sind, wie äññλ [-ᴗ] Engel; kχörpλ [-ᴗ] Körper (fast †); etc.

Andere lat. Ausdrücke waren ursprünglich nur im Munde der Geistlichen gebräuchlich und sind von da in die Ma gelangt. So sagten die Geistlichen etwa: „Ich gehe in die horas, ich war in den horis." Von diesen Phrasen her rührt der (nur in Beromünster bekannte) Ausdruck t[1]) horesse [-ᴗ◆] die Horen. Gleichen Ursprungs ist das Wort letitsli [-ᴧᴗ] Freudchen, worauf Stalder II, 167 aufmerksam macht.

§ 17. Sehr zahlreich sind die romanischen Entlehnungen. z. B. aus dem Französischen: em kχondenänt [ᴗᴗ-ᴧ] sofort, von incontinent; aus dem Italienischen: tatse [-ᴗ] die Tasse, von tazza; aus dem Spanischen: adies [ᴧᴗ-], von adios. Die Umstände brachten es mit sich, dass die Urkantone und L mehr italienisches Sprachgut haben, als

---
[1]) t = Artikel.

andere schweizerische Ma. Während z. B. Leerau chapiziner (Hunziker S. 144) sagt, heisst es in der unverfälschten L kχapetšinr [-◡-◡] (Beleg dazu aus V: *Ouch sigend die Jesuiter vnnd Capetschyner Schellmen* 1589). † *Panzer* ist V stets feminin, z. B: *denn dz die † pantzer weri henslis willisow* 1422, das zeigt ebenfalls den italienischen Einfluss (la panciera).

§ 18. Das Rotwelsch (d. h. das ächte, nicht das L Pseudorotwelsch) hat einige Flüche und Schimpfwörter geliefert, z. B: L kχwien [-], rotwelsch „Quien" Hund. Der in ächten L Wörtern nicht vorkommende Anlaut „kχw" weist schon auf den fremden Ursprung hin.

§ 19. Von dem Einflusse von Deutschland her war schon in § 10 die Rede. Hier sei noch beigefügt, dass schon in der I. und II. Periode eine beachtenswerte Zahl norddeutscher Ausdrücke in V vorkamen (§ 76) z. B: † *herig; † pückig; ein † herig verstolen* 1390; *ein † strobückiny* 1480; *ein † thuenhering*[1]) 1480.

§ 20. Die MaLuz wird wohl auch den Einfluss anderer Ma erlitten haben, ich vermag indes nur einen einzigen Fall anzuführen, der mir einigermassen sicher vorkommt. Grosse, zum Theil an Luzern anstossende Gebiete des Kantons Bern wandeln „nd" in „ñ", z. B: χeññ statt χend Kind. Die MaLuz hat ein einziges Wort, das der gleichen Regel folgt, späññ [-] die Spende (an Arme), z. B: *halte ich bey M G Herren vnd Obern an mir auss der Speng wass mit zetheilen* 1699. Meine Ansicht, es liege hier eine Entlehnung vor, bekommt noch dadurch eine Stütze, dass in V das Wort besonders häufig in Briefen aus dem Hinterland, welches direkt an Bern stösst, figuriert.

§ 21. Von allen fremden Einflüssen ist am bedeutendsten der von Seite der KanzLuz und KirchLuz (siehe § 37 ff.), und dieser betrifft nicht bloss das Lexikon.

Es giebt in der Ma eine Reihe von Wörtern, die wider-

---

[1]) Bedeutung?

gesetzlichen Lautstand zeigen. So wird das Wort hāilos [́- oder -́] heillos, arg, häufig gebraucht. Lautgesetzlich müsste es heλlos [́- oder -́] lauten. Die Stichprobe darauf, dass es wirklich aus der KanzLuz stammt, liegt darin, dass es eben dieselbe mit Vorliebe anwendet, z. B: *ein so heilloses Leben führen* 1680. Ferner hat die Ma eine bestimmte Zahl von Wörtern, die mit „kχ" statt lautgesetzlichem „χ" anfangen, z. B: kχontšaft (kχond, šaft) [́-] d. h. Zeugniss, Zeuge, Ablegung des Zeugnisses; drei kχöñge [-́˘] Das Fest der drei Könige; kχarfritig [-́˘] Karfreitag. Die Stichprobe besteht hier darin, dass die Bedeutung deutlich auf die Sphäre der KanzLuz und KirchLuz hinweist, vgl. Stickelberger Konsonantismus S. 450.

§ 22. Ein eigenartiger Fall von Betonung ist unter dem Einfluss der KanzLuz erwachsen. Personennamen, die vermittelst Präpositionen aus Ortsnamen gebildet sind, haben den Hauptstarkton stets auf der Präposition, z. B: tsorkχerχe [́-˘] Zurkirchen; fonarborg [́--] Vonaarburg. Es ist nun zum vorneherein anzunehmen, dass dies in der Ma ursprünglich nicht so war. Und hiefür geben die Quellen verschiedene Beweise. So finden sich im 14. Jahrhundert die Präpositionen oft in geschwächter Form, z. B: *zer Kirchen; Hensli zem Bache.* Hätte damals die Präposition den Hauptstarkton getragen, so wäre die Schwächung undenkbar, denn Silben mit Hauptstarkton erleiden nie Schwächung. Des fernern wechseln im 14. Jahrhundert Formen wie *Hensli von Snarwile* und *Hensli Snarwiler* promiscue, und das von der Präposition regierte Substantiv wird noch dekliniert, z. B: *Hans jm bache* neben *Hans jm bach*, woraus hervorgeht, dass die Bedeutung der Präposition dem Bewusstsein deutlich vorschwebte. Dann aber kann sie unmöglich den Hauptstarkton getragen haben. Nun lässt sich aber gar nicht denken, dass die Ma in organischer Entwicklung darauf gekommen wäre, die Präposition zu betonen, sondern es muss das eine Unart der KanzLuz (etwa beim mechanischen Vorlesen von Akten) gewesen sein, die dann in die Ma eindrang.

§ 23. Die KirchLuz hat der Ma eine bestimmte Zahl Phrasen geliefert, z. B: **muetr gotes** [-⌣⌢⌣]: **χeñkotes** {χend, gotes} [-⌢⌣]; **kabgotes** {t, gab, gotes} [-⌢⌣] die Gabe Gottes. Der Genitiv auf „es", die Stellung desselben, das „a" in gab statt „o" (L gob) kennzeichnen diese Wendungen als Eindringlinge, die Bedeutung weist sie der KirchLuz zu. Früher, da das religiöse Leben sich intensiver äusserte, war dieser Einfluss der KirchLuz bedeutender und daher die Zahl der bezüglichen Phrasen grösser. So sind z. B. folgende ausgestorben: *einen jns Tall josaphat laden* 1540 — *Dz sin seel in gotz Rych nitt khomen sölle* 1579 — *Er welle sy schlachen rnd wan er schon dz gantz himlisch hör erzürntte* 1584 — *wan Got der allmechtig am stammen deß heilligen Crützs sälbs gägenwürtig wäre khönte sy anders nüt anzeigen* 1591 — *Ich bit Euch beym rosenfarbenen Blut* 1710 — *hette sy anzeigt der Capplan sig gar kranck rnd so er vss disem Jamerthal scheiden sölt.* —

Die Lebenskraft der Mundart.

§ 24. Es ist bekannt, dass die schweizerischen Ma sich immer noch einer grossen Lebenskraft erfreuen. Wenn schon immer mehr Elemente aus dem Nhd. eindringen, so betrifft das doch fast nur das Lexikon. Sehr kräftig zeigt sich die Macht der Ma, wenn der gebildete Luzerner Nhd. spricht. Wenn der strenge Maasstab der bühnengerechten Aussprache des Nhd. angelegt wird, so kann man ohne Übertreibung sagen, dass kein halbes Dutzend Angehörige der MaLuz die Schriftsprache korrekt sprechen. Aussprachefehler wie „vieleicht", L fileχt [⌣-]; „knetten". L χnäte [-⌣], sind beim Unterricht fast gar nicht auszurotten.

Die Ma hat nur zwei Wörter, welche im Innern ein „h" haben: **rähele** [-⌣⌢] „rauh schmecken", fast nur von Kar-

toffeln gesagt, zu mhd. raehe, und de glihe tue [ᴗ⁴ᴗ-]
(neben de gliχe tue, und de glie tue) dergleichen thun.
In beiden Fällen ist vor dem „h" der Vokal gekürzt. Trotzdem nur zwei Fälle vorkommen, bewirken die doch, dass beim Sprechen des Nhd. die fast unausrottbare Neigung besteht, vor „h" (das dann gesprochen wird) die Vokale kurz zu nehmen, z. B: nahe, ruhig, wehe. (Das auslautende schwache „e" des Nhd. klingt als „e" [ᴗ] oder „i" [ᴗ], nie als „e" [ᴗ]).
Die Ma duldet kein „w" als Anlaut schwachtoniger Silben (siehe § 64, b). Das bewirkt, dass beim Nhd. sprechen in Wörtern wie „Löwe, Witwe" die zweite Silbe mit Nebenstarkton und sogar mit langem Vokal gesprochen wird, also: löwe; witwe [⁴-].

§ 25. Das Volk sagte seine Gebete früher in der KirchLuz, jetzt im Nhd. her. Hier äussert sich der Einfluss der Ma natürlich noch viel stärker als beim Nhd. der Gebildeten. So verwandelt die Ma früheres „ens" in is [ᴗ] (siehe Stickelberger S. 404), und dem gemäss wird im Schluss des Ave Maria's „in der Stunde unseres Absterbens. Amen" das Wort „Absterbens" als apštlirbis [′-ᴗ] gesprochen.

§ 26. Auch über das Latein, wie es der ungebildete Küster oder aλtrbueh [′ᴗ-]¹), spricht, hat die Ma ihre Macht ausgebreitet. So wird z. B. in der Phrase „ora pro nobis" das „pro" geschwächt ausgesprochen, nun können aber (§ 69, i) in schwacher Silbe „p" und „r" nicht auf einander folgen, sie werden daher durch ein swarabhaktisches „e" [ᴗ] von einander getrennt, so ergibt sich: oraperenobis [-⁴ᴗ⁴ᴗ].

§ 27. Lateinische oder Romanische Fremdwörter, welche im Inlaut eine Fortis haben, lassen diese in L meist als Lenis erklingen, z. B: esānts [-⁴] Essenz; kχomisäri [-ᴗ⁴ᴗ] Komissar. Dieser Zug der Ma wirkt so stark, dass die Schüler beim Lateinischlesen, falls sie nicht daran gestört

---
¹) Messediener.

werden, regelmässig **phodešt** [⌣-] potest; **štadutumm** [-⌣-]
statutum; **kχomunis** [-⌣⌣] communis, aussprechen.

Einige Eigentümlichkeiten der Mundart.

§ 28. Damit die Charakterisierung der MaLuz, welcher dieser Theil gewidmet ist, eine gewisse Vollständigkeit bekomme, will ich aufs Geratewohl einige Merkwürdigkeiten aus dem Gebiete der Wortbildung und Syntax (der Lautstand von L hat keine auffällige Besonderheiten), und zwar aus V, herausgreifen.

In V kommt das Wort *-werk* als zweiter Bestandtheil von Kompositis so häufig vor und ist der Bedeutung nach so abgeschliffen, dass es fast zur Bildungssilbe geworden ist.

a) Der erste Theil des Kompositums ist der Stamm eines Verbums (häufigste Verwendung):

† *fatzwerch*[1]) *triben* 1493;
mit † *fötzelwerck*[2]) *embgan* 1495;
bschiswerck triben 1499;
- † *speywerch*[3]) *triben* 1499;
huorwerch triben 1501;
Das er die Lüte bschissen vnd Trogen vnd wegen solchem sinem † *trölwerch*[4]) *gefangen worden* 1588;
Verena Roschlj ist umb † *kupelwerchs willen ju gfangenschaft kommen* 1589;

b) Der erste Komponent ist ein Nomen Agentis oder etwas ähnliches:

bschissery vnd † *lotterwerck*[5]) ca. 1509;
mit † *lurenwerck*[6]) *embgan* 1560;
wan du des † *dieben rund hexen werchs nit müessig gast, so will ich nit mitt dir husshallten* 1587;

---

[1]) zu mhd. fatzen.
[2]) fötsle [-⌣] = mhd. fatzen.
[3]) zu mhd. speien.
[4]) Der Zusammenhang erklärt das Wort.
[5]) zu mhd. loter.
[6]) zu mhd. lûre (mask.!)

Das † vischerwerck gebruchen 1600;
rff dem burenwerck dienen 1608;
des † sägenwercks müessig zegan 1608;
beim Herrenwerk[1]) *sein* 1799;
Besonders zu merken sind die Zusammensetzungen,
deren erster Theil ein Nomen Agentis auf „i" ist, das etwas
Tadelnswertes ausdrückt: *wann sy mäss habent so sige es
dittli wärch* 1574. (L tetli [-◡] einer, der tetlet [-◡] mit
Puppen (teti [-◡]) spielt.)

c) Der erste Komponent ist ein Sachname:
ein kremer so † ditty[2])*werck feill ghept* 1586;
*dz die Lütt mit denen sy das † krudtwerck gebrucht,
genäsen* 1591;
Im Schellenwerk[3]) *sein* 1801.

d) -*werk* bildet Adverbien, genau wie V *wyse* (mhd.
wîse), z. B: *etwas in † schimpfwerck sagen* ca. 1579.

§ 29. Eine eigentliche Kuriosität von V besteht darin,
dass bei Verwünschungen, welche das Verbum „schänden"
enthalten, das Prädikat regelmässig (§ 73 d) im Singular
verbleibt, wenn das Subjekt schon im Plural steht: † *Dz
dich box fünf wunden schend* ca. 1390 — † *dz dich gotz
fünff wunden ky*[4]) 1505 — † *Dz dich alle Helgen schend*
1560. Es liegt hier offenbar eine Kontamination zweier verschiedener Verwünschungen vor, wie noch oft. Wenn z. B.
ein Bewohner des Seethales, das den Spitznamen waklita).
[◡◡-] Wagglithal führt, 1565 angefahren wird: † *das dich
botz crütz aller fulen waggentallern schend*, so soll das
eigentlich heissen: *das dich botz crütz schend fulster aller
fulen waggentallern*.

§ 30. Eine andere Kuriosität von V im 16. Jahrhundert;
besteht darin, dass der Vokativ „lieber" auch als Femininum
verwendet wird, z. B: *Barbara schindlerin het geredt zu*

---
[1]) L herewărχ[-◡ -!] die niedern Obliegenheiten des Stadtbauamtes.
[2]) Puppe.
[3]) Zuchthaus, siehe Stalder II, 313.
[4]) Blas Acc. S. 407.

Catharina fridli des pfisters frow † Lieber Cathrin losend was gat für ein wüeste red rmbher 1573 — *Vnd zuo Iro gesagt Ey † lieber Barbelj kum luog wie min Ruodi ein bein hat* 1587.

Vorläufige historische Übersicht.

§ 31. Die ältesten deutlichen und sichern Belege der MaLuz sind Ortsnamen in lat. Urkunden aus den achtziger Jahren des 12. Jahrhunderts, siehe J. L. Brandstetter, Beiträge S. 220. Ein solcher Beleg ist der Ortsname *Buorren* 1182, entstanden aus „buochrein", Abhang, wo Buchen wachsen, jetzt bueri [-ˇ], früher buere [-ˇ] gesprochen. Hier ist in der Ma das „ch" geschwunden und die nebenstarktonige Silbe „rein" [-] zu re [ˇ] oder ri [ˇ] geschwächt. Und diese Form ohne „ch" und mit Schwächung des zweiten Komponenten ist durch obiges *Buorren* belegt.

§ 32. Die geschichtliche Erforschung der MaLuz beschlägt also einen Zeitraum von ca. 700 Jahren.

§ 33. Ob und wie dieser Zeitraum in Perioden einzutheilen sei, ist natürlich eine Frage von grosser Wichtigkeit, und es knüpft sich auch praktisches Interesse daran, siehe das Ende dieses §. Endgültig kann diese Frage erst am Ende meiner Untersuchungen über die Ma, nicht jetzt schon in dieser ersten Arbeit entschieden werden. Immerhin will ich mich folgender provisorischer Einteilung bedienen:

Die erste Periode geht von den achtziger Jahren des 12. Jahrhunderts bis zu den Zeiten der Schlacht von Sempach, die zweite von da bis ins Zeitalter der Reformation, die dritte von da bis auf heute.

Diese Eintheilung ist einmal dadurch gerechtfertigt, dass die Schlacht von Sempach und die Reformation zwei Ereignisse von gewaltiger Tragweite für die politische und kulturhistorische Entwicklung des Volkes waren. Und es wird wohl allgemein zugegeben, dass ein solcher Umschwung sich auch in der Sprache spiegeln müsse. Mir wenigstens scheint es ausgemacht, dass z. B. der fast völlige Mangel an abstrakten Substantiven, der unsere heutige Ma verunziert, eine Folge der Stagnation und Verrottung aller Verhältnisse sei, wie sie im 17. und 18. Jahrhundert unter der engherzigen Familienherrschaft eingetreten war. Vor dieser Zeit war die Zahl der Abstrakten grösser, und jetzt, da das geistige Leben wieder reger, wächst sie ebenfalls, allerdings nicht durch originale Schöpfung, sondern durch Entlehnung (§ 10). Ob nun die kulturhistorische Entwicklung Einfluss auch auf den Lautstand einer Ma ausüben könne, ist mir zweifelhaft, sicher aber thut sie das in Bezug auf den Wortschatz. So datiert seit den Zeiten der Sempacher Schlacht ein vermehrtes Eindringen romanischer Wörter, und wie durch die Reformation neue Begriffe und damit neue Wörter aufkamen, braucht nicht nachgewiesen zu werden. Nur ein Kuriosum sei hier erwähnt. Die Volkstradition sagt, der oben erwähnte Spitzname „Wagglithaler" für die Bewohner des Seethales komme daher, dass ein Theil derselben zur Zeit der Reformation „wackelten", d. h. zur neuen Lehre übertreten wollten.

Ein zweites Moment, das diese Eintheilung rechtfertigt, besteht darin, dass in die Zeiten der Sempacher Schlacht die Bildung der Zahlwörter auf ništ [⌣], z. B: āiništ; tswöiništ; drüništ [-⌣] etc., fällt, welche auf die Frage „wie oft" antworten, z. B: *drynest im jare* 1390; und dass in der Reformationszeit der Kampf zwischen den Suffixen A -*in* (= mhd. in) und L -*ig*, welche Adjektive aus Stoffnamen bilden, beginnt, z. B: *ein ╪ erin hefeli*[1]) 1533 — *ein eriges hefeli* 1534.

Eine praktische Seite hat diese Eintheilung für mich dadurch, dass die Quellen, welche in der I. Periode spärlich fliessen, um die Zeiten der Sempacher Schlacht reicher werden, indem im Jahre 1381 die Aufzeichnung der Blas-

---

[1]) mhd. hevelin.

phemiœ (siehe § 46) beginnt, und dass im Reformationszeitalter eine abermalige Steigerung stattfindet, z. B. durch den Beginn der Thurmbücher (Verhörprotokolle) 1551.

Vorhistorisches.

§ 34. Die geschriebenen Dokumente der MaLuz reichen also bis ins 12. Jahrhundert zurück. Natürlich hat die Ma schon lange vorher bestanden. Sprachliche Werte aus der vorhistorischen Zeit kann man selbstverständlich nur durch Raisonnement eruieren. Beispiel: Es giebt im Gebiete der MaLuz und auch der angrenzenden Ma mehrere Ortsnamen, die auf „s" ausgehen, z. B: χriens [-] Kriens; šôts [-] Schötz; maλtrs [-˘] Malters; štans [-] Stans; šwits [-] Schwyz. Nun finden sich in historischer Zeit einige versteinerte Ableitungen von diesen Ortsnamen, in denen das „s" fehlt, z. B: † stanbalchen[1]) Balchen von Stans: *In Lucerna bos rmis et Centum pisces † stanbalchen* 1286 — Der Geschlechtsname V *Schwyter*, jetzt antikisierend Suidter geschrieben und switr [-˘] gesprochen — Der Bachname χriembaχχ {χrien, baχχ} [˘-] der Bach, welcher von Kriens her kommt — Aus diesen Überresten ergiebt sich, dass in solchen Ortsnamen das „s" in vorhistorischer Zeit eine gewisse Beweglichkeit hatte, mit andern Worten, dass es ein Flexionselement war. (Darf man dieses „s" mit dem bekannten lokativischen „s" in den Wörtern auf -ingas zusammenbringen?)

---

[1]) Siehe hierüber namentlich Gfd 38, 40.

III. Kapitel.
Die Luzerner Kanzleisprache.
(Die Frage nach einer mittelhochdeutschen Schriftsprache; das Eindringen des Neuhochdeutschen.)

Nachweis ihrer Existenz.

§ 35. Wenn ich von V spreche, so meine ich damit die Luzerner Mundart, wie sie in vergangenen Zeiten im Munde des Volkes lebendig war, wirklich gesprochen wurde, und zwar nicht nur hinsichtlich des Lexikons, sondern auch in Bezug auf den Lautstand, die Syntax etc. Die Sprache, in denen unsere Archivalien abgefasst sind, und die ich KanzLuz nenne, ist mit V nicht identisch. Meine ganze Abhandlung ist ein Beweis hiefür, ich will aber doch einige besonders schlagende Argumente herausheben:

a) In der Mitte des 16. Jahrhunderts figurieren in unsern Dokumenten folgende Formen des Conj. III. Plur. von „haben":

dz sy gesagt haben 1553;
dz sy es getan habend 1553;
das si es tun habent 1549;
dz si es genommen habind 1560;
dz si geseit habint 1561;
Dz si es tan hebend 1560;
Dz si gegloubt hebent 1565;
Dz si gegloubt heigen 1550;
Das sy gegloupt heigend 1549;
dz sy es getan heigent 1550;
dz sy gmeint heigint 1556;
Dz sy geseid heigind 1556;
Dz sy gelogen heigid 1557.

Es ist nun völlig undenkbar, dass eine lebende Sprache so viele Formen neben einander besessen habe. Hier liegt also etwas anderes vor, als V.

b) Im 13.—16. Jahrhundert figuriert in unsern Archivalien häufig das Wort *pherit (pfert* etc.) neben *ross*. Unter den Flurnamen des Kantons Luzern (J. L. Brandstetter, Flurnamenbuch des Kantons Luzern, Manuscript), sowohl unter den lebenden wie den ausgestorbenen, trifft man *ross* sehr oft, *pferd* niemals. Wäre nun zu irgend einer Zeit das Wort in der wirklich gesprochenen Mundart vorhanden gewesen, so liesse sich dieses Fehlen unter den Flurnamen nicht begreifen. Das Wort *pherit* war also bloss der KanzLuz, nicht aber V eigen.

c) Um 1300 treffe ich neben einander: *rf dien heiligen swceren* und *rf den helgen sweren*. Wenn ich auch weiteres nicht wüsste, so müsste ich doch sogleich den Eindruck bekommen, die reducierte Form *helgen* gehöre einem lebenden germanischen Idiom, die vollere *heiligen* einer conservativern Schriftsprache an.

Anmerkung a) Die ältesten in der KanzLuz verfassten Denkmäler gehen in die Mitte des 13. Jahrhunderts zurück, sind also etwa um 70 Jahre jünger als die ältesten Belege der MaLuz.

Anmerkung b) Die KirchLuz ist mit der KanzLuz identisch, nur dass sie Besonderes in ihrem Wortschatz hat.

Verhältnis zwischen Kanzleisprache und Mundart.

§ 36. Wenn ich im Anfang des vorigen § gesagt, dass V und KanzLuz nicht identisch seien, so muss ich das nun dahin präcisieren, dass die beiden zu allen, auch in den ältesten Zeiten durch eine weite Kluft getrennt waren. Beweise:

Für das Jahr 1182 ist das mit der heutigen Form b u o r i [- ˘] ganz nahe verwandte *Buorren* bezeugt (§ 31), die KanzLuz schreibt dagegen konsequent *Buochrein*, später *Buchenrain*.

ca. 1280 heisst es: *diz grot giltet jerlich zant tomas mes* *.XXX. ß.* Dieses *zant* deckt sich mit dem heutigen Laut-

wert tsant {ts, sant}, während sonst die KanzLuz immer
ze sant schreibt.

Für das Jahr 1280 (oder mindestens für 1338,[1]) ist in
einer lat. Urkunde die geschwächte Form „e [ᴗ]" des unbestimmten Artikels für die Ma in jener Zeit bezeugt. In
den Dokumenten der KanzLuz habe ich sie auch nicht ein
einziges Mal getroffen, es figuriert da stets die volle Form
ein, eine, eins (oder: *ein, eis*).

Stellen, wie *vor dem tor vsse* 1384; *hentzme* 1398; *ein
† gesnigidi diebin* ca. 1400 (BlasAcc. S. 401); *† faereye*
1416 oder 1417 (siehe § 37) beweisen, dass damals in der
Ma „n" in den schwachtonigen Silben bereits geschwunden
war, die KanzLuz setzt es immer.

Die Schreibungen: † *kygedi* (siehe § 78); *ky; kyt* im 15.
Jahrhundert, welche in stark mundartlich gefärbten Stellen
vorkommen, stellen genau die betreffenden Lautwerte in der
Ma in jenen Zeiten dar, während die KanzLuz, wie Blas
Acc. zeigen, konsequent *gehiyende*[2]) (Particip); *gehige* (Imperativ); *gehiget* oder *gehit, gehyt* (III. Singular) schreibt.

L hat für mhd. „klein" den Lautwert χli [-] mit auffallendem Vokal. In unseren Dokumenten habe ich es nur
einmal getroffen, in einem ziemlich mundartlich gefärbten
Texte vom Jahre 1585: *vnder andernn sy ein meittlin gar
klin by der frawen gsin*. Es bestand χli also wenigstens
schon am Ausgange des 16. Jahrhunderts. Die KanzLuz
schreibt aber vor und nach diesem Datum *klein*:

Wenn nun aber zu allen Zeiten Ma und KanzLuz sehr weit
aus einander standen, so hat doch stetsfort eine bedeutende
gegenseitige Beeinflussung stattgefunden. Für die Einwirkung der KanzLuz auf die Ma habe ich in § 21 ff einige
Beispiele angeführt. Von den verschiedenen Erscheinungen
in der KanzLuz, welche auf die Ma zurückgeführt werden
müssen, seien hier zwei Fälle erwähnt. Einmal braucht die

---

[1]) Die Urkunde von 1280 ist nur in der von 1338 kopiert erhalten.
[2]) zu mhd. gehlwen, gehlen (formell), die Bedeutung siehe in Blas Acc.

KanzLuz konsequent das „i" der abstrakten Feminina, z. B:
du menigi der burger ron Lucerren 1252 — *die Lengj des
Hauses* 1720 (siehe Friedrich Kluge, Von Luther etc., S. 60).
Zweitens ist die Setzung von Doppelvokalen, welche um die
Mitte des 16. Jahrhunderts aufkommt, z. B: *im faal* im Falle;
Pfaarer der Pfarrer, regelrecht von der Quantität der Ma
diktiert (siehe § 71 d).

Die Luzerner Kanzleisprache und die Frage nach einer mhd. Schriftsprache.

§ 37. Ich will hier vier Eigentümlichkeiten der KanzLuz
hervorheben, welche in der angezogenen Frage mitzusprechen
haben.

a. In der I. Periode (siehe § 33) zeigt die KanzLuz eine
gewisse Schulung und Regelmässigkeit, sie braucht nicht
allerlei Formen durcheinander, wie das besonders um 1550
der Fall ist (siehe § 35), die Einmischung von mundartlichen
Elementen ist gering.

b. Vorausgesetzt, die mhd. Schriftsprache habe so, wie
sie in den Klassikerausgaben uns vorgeführt wird, wirklich
bestanden, so steht die KanzLuz viel näher zu ihr, als zur
MaLuz. So ist für 1416 oder 1417 die Ma Form † *faerege*
(ähnlich 1412: † *reregen rud hinderwert*) belegt, (heute
müsste es färege oder förege [- ⏑ *] lauten). Zur gleichen
Zeit figurieren in der KanzLuz die Schreibungen:

feringen;
veringen;
fueringen;
raeringen.

Alle diese sind dem mhd. vaeringen weit ähnlicher, als
dem A *faerege* oder *rerege(n)* — Ebenso sprechend ist das
Verhältniss: Ma † *kygedi* 1413: KanzLuz *gehigende*: mhd.
gehiende.

Die grosse Aehnlichkeit der KanzLuz in der I. Periode

mit dem Mhd. wird durch Stellen wie folgende illustriert:
Dar zuo swer ieman huset oder hovet, der nvt burgrecht enpfangen hat, noch nüt enpfan woelte noch moechte nach der burger satzunge, vnt der dar vmb vs gelassen wart von sinem burg rechte der wros ez besron dem Rate mit .j. ℔ alz dik ez beschiht ca. 1310.

c) Wenn man unsere Urkunden des 13. und beginnenden 14. Jahrhunderts durchmustert, so findet man, dass die einen die vollen Vokale des Ahd. festhalten, während andere gleichzeitige oder gar frühere, ihnen, wenn ich diesen Ausdruck brauchen darf, ostentativ aus dem Wege gehen. Man vergleiche nur die beiden in § 38 angeführten Texte von 1252 und ca. 1280. Der von 1280 wimmelt von vollvokaligen Endsilben, der andere, mehrere Jahrzehnte ältere, hat keine einzige. Wir haben also in der gleichen Zeit zwei verschiedene Tendenzen, die eine hält an den alten vollen Formen fest, die andere vermeidet sie bewusst und konsequent, und stimmt dadurch mit der mhd. Schriftsprache überein.

d) Es trifft sich, dass diejenigen Schriftwerke, welche die alten Formen beibehalten, zugleich auch viel mehr mundartliche Beeinflussung zeigen, als die der andern Richtung. Der Text von 1252, aus dem in § 38 ein Abschnitt mitgetheilt ist (abgedruckt bei Kopp, Urkunden zur Geschichte der eidgenössischen Bünde, S. 4) enthält kaum eine Spur, die deutlich mundartlichen Einfluss verricte; die Rathauser Rödel dagegen (herausgegeben von J. L. Brandstetter, Gfd. 36, 261 ff.), aus denen ich den Passus § 38, b aufgenommen habe, haben stark mundartliche Färbung (darin steht z. B. das *„zant"* § 36, *„mettelti"* § 94, *des livpriesters* § 63). Zugleich sind sie unbeholfen stilisiert. Die Richtung, welche die vollen Vokale schreibt, hat also einen mehr lokalen, weniger vornehmen Charakter, die andere weist auf etwas Fremdes, Vornehmeres hin.

Proben aus der Luzerner Kanzleisprache.

§ 38. a) Aus der Mitte des 13. Jahrhunderts: *Ovch sol enhein burger. an dem andern, dehein tot gerehte[1] rechen in der stat. Doch so enrueret daz gerihte nvt vmbe tot gerehte vszer halb dien ciln vnsers gerihtes. Wurde ovch dehein vrlige innerhalb dem Sewe vnder den waltlvten, swer da hin vert, der sol sich dar zvo erbeiten vnd vlizen daz er daz vrlige zerstoere. vnd ze guote vnd ze svone bringe. vnd wil er sinem vrunde ze helfe stan, daz sol er tuon mit harnesche, vnd mit rate, also daz er selbe bi dem vrunde nvt belibe, e daz vrlige ende hat. Ist aber er mit sinem libe bi dem vrlige, daz sol er bezsern mit vunf phunden.* 1252.

b) Aus dem Ende des 13. Jahrhunderts: *Ein jrcherta an enre chivrza.[2] Ein jrcher an Beringen. Zwo jrcher an Brvnbach darzvo hort ein blezz dem[3] sprichet im ene gero. Ein wildir matta ze gerolts broln der sint .II. jrcher. Ein acher in die pvrge mirline. des sint .II. jrcher. Ein jrcher ze berolts Brvnnen. Ein helbiv jrcherte ob herren hrges seligen mattvn. Des hores mattrn dero sint .IIII. jrchertvn vnd daz hie geschriben ist, dc hort allez an dise mattvn. Ein acher gab herre vlrich hara der schiezo an dz liecht.[4]* ca. 1280.

c) Aus dem Anfang des 14. Jahrhunderts. *Ovch ist der Rat über ein komen. Swenne sich der Schultheisse vnd der Amman zvo dem Rate gesetzend, daz si von dem Rate nüt sollen gan bi der buosse, als der Rat über sich gesetzet hat. Dar zvo svllen si zuo dem Rate komen, swenne man nach inen sendet, bi der selben buosze, vnd srlent ovch ze Rate komen bi der glogun ovch bi .iij. ß.* ca. 1310.

d) Aus dem Ende des 14. Jahrhunderts: *Agethe huoberin vnd ir töchter bede hant gesprochen Velli[5] escher si einre rechten diebin sun vnd die töchter hant Jmme bede getrowet.*

---

[1] „capitales inimicitiæ“
[2] Flurname wie auch die folgenden Ausdrücke: Beringen etc.
[3] ergänze: „man“.
[4] das ewige Licht in der Kirche.
[5] Ueli, Ulrich.

Der blinde mit dem hunde sluog mit gewaffenter hant Rörich den blinden vnd warf Jmme ein sugende kint die stege ab vnd sluog Jmme sin wip. frisching sprach welti steinhuser sie ein rechter verhiter[1] *diep vnd welle das kuntlich machen vf sinen halschs*[2] *vnd sin wip sie ein rerhite huerre. Andres weibels sun rett übel mit Bürgi snider vnd sprach·er sie ein rerhlter keibe*[3] 1383.

e) Aus dem 15. Jahrhundert: *jtem vnd ist dis des kintz husrätt so ouch dem rogt zuo des kintz handen jn geantwurt ist, jtem r silbrin becher, ij silber schallen,*[4]*) ein silbrin löffel wegent lxiij lott; jtem iij stuck kölschs ist xxiij eln; jtem j stuck linin tuoch. jtem j bett. jtem ein bettigen pfulwen; jtem vj küsse gross vnd klein; jtem riiij linlachen; jtem iij tecken quott vnd boes; jtem iij swert guott vnd boess. jtem ij gros zinin blatten; jtem vj klein zinin schüslen; jtem ij zinin teller; jtem ein zinin geisvass;*[5]*) jtem sine kleider ij wambischs ein Rock ein manttel ein par hossen; jtem an harnischs ij küris ein gantz brin gewand ij par gantzer arm zug mit den spanneröel*[6]*) ij schaladern*[7]*) ein par hentschen ein ross stirnen vnd ein kragen* 1467.

f) Aus dem Ende des 16. Jahrhunderts: *Sambstags nach Johannis Euangelistæ Anno 1584. Es habe sich begeben verschinnen*[8]*) Sonntag acht tag gsin das Heinrich Fryenberg samptt noch vier sinen gsellen zu Emmen Jm württshuss gsin vnd zunachtt alls sy heimgangen sigend sy vor sin Zügen huss*[9]*) gangen vnd mitt steinen daran gworffen wellches ein hund Jm huss waar genommen vnnd pollen*[10]*) darab er erwacht vnnd alls er erwachett sigend sy von huss dannen ge-*

---

[1]) BlasAcc. S. 408.
[2]) Schreibfehler für „hals".
[3]) BlasAcc. S. 410.
[4]) Schalen.
[5]) Schreibfehler für „giesvass".
[6]) mhd. spaldenier.
[7]) Halsstück.
[8]) verflossen.
[9]) sein, des Zeugen, Haus.
[10]) gebollen, gebellt.

*flohen vnnd gegen den gartten gelauffen vnnd ein thürlin genommen vff ein platz tragen vnd das mitt einem Schwertt zu stucken zerhauwen Demnach sigend sy gangen vnd ein haag nider gerissen Volgends habend sy Elssbethen Sigristen ein Jmbd*¹⁾ *abhin stechen wöllen darab habe sy die Frauw ver Jagtt Nach dem sigend sy zu peter arigers huss by der mülj gangen vnnd Jhme fünff pfündig stein ans huss gworffen vnd so die stein durch den felladen*²⁾ *ganngen wären die stein rff das Bett gangen vnnd Jnne villicht todt gworffen.*

Das Eindringen der nhd. Schriftsprache.

§ 39. Die Herrschaft der KanzLuz dauert bis ins 17. Jahrhundert hinein. Schon vor 1600 zeigen sich einige Vorläufer der nhd. Sprache, allerdings nicht auf dem am meisten charakteristischen Gebiete, dem des Lautstandes, sondern nur im Lexikon. So wird von den achtziger Jahren des 16. Jahrhunderts an in den Akten mit Vorliebe das Wort „derjenige" verwendet, z. B: *Jtem sy habe die Jhnigen so sy gefangen vss grossem schräcken Jns Thal Josaphat geladen — die Jhenigen so mit ihro zuschaffen ghan* 1591. Andere Ausdrücke dieser Art sind: *anwesend, entwenden, Schenkel,* etc.

Das eigentliche Eindringen des neuen Idioms beginnt im Anfang des 17. Jahrhunderts und ist am Ende desselben perfekt. Der Kampf zwischen der alten KanzLuz und dem Nhd. dauert also gerade 100 Jahre. Zuerst, schon im ersten Jahrzehnt des Jahrhunderts erscheint das Neue bei gebildeten Privaten, die regierenden Kreise in ihrem Konservatismus sträuben sich lange dagegen, im Ratsprotokoll von Luzern treten die ersten Spuren erst um die Mitte des Jahrhunderts auf.

Bei der folgenden Darstellung stütze ich mich ausschliesslich auf geschriebene Quellen, gedruckte Bücher sind nach § 65 auch hier nicht verwendbar.

---

¹) Bienenkorb.
²) L feȥlade [ˊ - ˇ] Fensterladen zum Hinunterlassen (feȥȥe [- ˇ]).

§ 40. Am meisten fällt bei diesem Prozess der Umtausch im Vokalismus in die Augen.

Wenig mitzusprechen in dieser Sache haben die Lautgruppen *uo*, *üe*, und *ou*. *ou* ist nämlich auch in der MaLuz in *au* gewandelt, und zwar schon zum mindesten seit der Mitte des 16. Jahrhunderts. Wenn wir also in dieser Zeit in Dokumenten der KanzLuz z. B: *frau* finden (siehe dieses Wort in § 38 f), so ist das Einfluss der Ma, nicht der nhd. Schriftsprache.

uo und *üe* sind bereits um 1540 bei vielen Schreibern nicht mehr von *u* und *ü* zu unterscheiden. Denn beim û wird das Ringlein oben geöffnet und fällt allmälig mit dem Häubchen des *u* zusammen; ähnliches beim û.

§ 41. Es ist also vor allem der Umtausch der alten langen *i*, *u*, *ü* der KanzLuz gegen die entsprechenden Diphthonge des Nhd. zu verfolgen:

(Ein einziges Mal habe ich vor 1600 die diphthongische Form getroffen, und zwar kurioser Weise gerade bei dem Worte „*teütsch*": *Sy meertheils dorumb haar khommen dz er synen Sohn teütsch Leeren wöllen* 1591, Donnerstag vor Lucæ, Thurmbuch Luzern, S. 171 a.)

a) Aus Privatbriefen: Ein Brief aus Willisau vom Jahre 1614 enthält eine einzige nhd. Form: *heut*.

Johannes Schmidt, Kirchherr von Root, schreibt den 4. März 1611:

Min fründtlichen gruoss;

aber: *weil ich aber;*

vff heut;

nach siner glegenheit;

mit luteren worten;

aber: *do ich aber solches ein zeitlin*[1] *ghan.*

b) Beispiele aus officiellen Akten: Zu diesem Zwecke habe ich das Protokoll des Neunergerichtes von 1600—1700 genau durchgenommen. Dieses ergiebt folgende Resultate:

---
[1] eine kleine Weile.

Donstags den 15. 10bris Anno 1616 beginnt eine neue Hand, und die schreibt im Protokoll dieses Tages einmal *Neünenrichter* und ein paar Tage später einmal *Seitzman*.[1]) Von 1617 an wechselt diese Hand mit andern, es findet sich aber nichts mehr von neuen Formen, bis 1626, 3. Dec. wieder *Neünengericht* auftritt. Von da an zeigen sich nun zwar fortwährend und bei allen Händen die neuen Formen, aber ganz vereinzelt, oft auf zehn Seiten Text kaum ein Fall. 1664, den 11. December, kommt wieder eine neue Hand, und die schreibt nun häufiger die Diphthonge, z. B: *seinem hausvolck*, aber die einfachen Vokale sind doch noch weit die Mehrheit. Die andere Hand, welche in der gleichen Zeit schreibt, braucht nur die alten Formen. Eine neue Hand 1671 braucht die neuen und alten Formen gerade halb und halb, z. B: *wegen des streits vmb sein erbautes Gartenhäuslin*, neben: *unsubere Wort; vnder Bettgloggen Zyt*. Von der Mitte der achtziger Jahre an nehmen die neuen Formen rasch zu und gegen Ende des Jahrhunderts erscheinen die alten nur noch vereinzelt. Als Typus diene: *Den 19. Juli 1691 seind M. G. H. die Verordneten am Neunin Gericht bey einandern versambt gsin.*

Mit dem Jahre 1700 ist die Herrschaft der Diphthonge „ei, au, eu" fest, und mit ihnen sind auch die übrigen Bestandtheile des Nhd. eingezogen, wenn auch sogar während des 18. Jahrhunderts noch mancherlei Überreste der Kanzleisprache fortvegetieren. So hat das Militärreglement von 1682 nur die Form *schutz*, z. B: *Mussquetierer macht euch fertig zum Schutz;* dasjenige von 1747 hat *Schuss* und *Schutz*, neben einander; das von 1757, sowie die Feuerordnung von 1788 nur *Schuss*. Jetzt sind nur noch Spuren vorhanden, wie ja überall etwa solche Specialitäten vorkommen. So figuriert in Subhastationsanzeigen häufig das Wort *Kantrang*, Ma kχantromm [ʼ-] die Kommode.

Auf dem Lande, bei weniger gebildeten Personen dau-

---

[1]) Das *ei* ist hier falsch placiert, denn der Geschlechtsname Sitzman hat ein kurzes „i".

ert übrigens die Kanzleisprache noch länger fort, auch im 18. Jahrhundert.

§ 42. Selbstverständlich wird das neue Idiom von ungebildeten Personen oft ungeschickt gehandhabt. Es gibt Briefe vom Lande, worin auch die kurzen „i, u, ü" diphthongisiert sind, z. B: *vil zu freüw*[1]) 1612 = viel zu früh — *Vnd han doch Jedem knecht meusen*[2]) *Jedes Dags ein dicken gehn*[3]) ca. 1620 — dagegen im gleichen Brief 1612: *ein gutts früdenrichs Jar.*

IV. Kapitel.

Die Quellen für die Erforschung der Luzerner Mundart.

Die primären Quellen.

§ 43. a) Eigentliche zusammenhängende in der MaLuz verfasste Texte vor 1800 gibt es nur wenige. Am bedeutendsten ist das Rotenburger Spiel vom Jahre 1743, worüber ich in der Z. f. D. Ph. Bd. XVIII, S. 461 berichtet habe. Die Ma ist darin übrigens nicht rein.

§ 44. b) Hie und da werden Wörter oder Wendungen ausdrücklich als Eigentum der Ma erklärt durch Beifügung von Wörtern wie „vulgo; sogenannt; etc". Beispiele: *omnibus leguminibus quod vulgo sonat † Vastmuose* 1290 — *Vnd hier zwüschen habe der Capplan Ein glas so ongefar ein quart wins gsin Jn die hendt genommen vnd ihro den-*

---

[1]) frühe.
[2]) müssen.
[3]) einen Dicken (eine Münze) geben.

selbigen Mutis[1] *wie man spricht vssgebracht* 1585 — die sogenannte *Bettel-* oder † *Kruckenfuhr* 1788.

§ 45. c) Aus allen drei Perioden sind Glossen vorhanden: Lat. = KanzLuz oder Ma, KanzLuz = Ma und Ma = KanzLuz. Eine zusammenhängende Sammlung haben wir nur in den Glossen von Beromünster aus dem 13. Jahrhundert, worüber ich in Herrigs Archiv,[2] 1886, S. 478 berichtet habe (siehe § 65 a). Daneben treffen wir überall in den Archivalien zerstreut, vereinzelte Fälle, z. B: *cribro quod dicitur Ritra cribrari* 1280 (oder 1338, § 36). — Das Vieharzneibüchlein von 1809 glossiert dem Landvolk minder verständliche nhd. Ausdrücke durch mundartliche, z. B: „*wiederkauen* († *mäuen*)".

Seltener sind die umgekehrten, Ma—KanzLuz Glossen. Sie sind der Art, dass etwa ein städtischer Schreiber einen auf dem Lande in irgend einem Gewerbe gebräuchlichen Terminus Technicus nicht verstand, sich dann nach dessen Bedeutung erkundigte und dann im betreffenden Schriftwerk eine Anmerkung machte, z. B: *darnach sye den Closterfrowen zuo Nüwenkilch ein schwyn † bärhämmig worden dz hab er gemetzgett rnd die rngsunden füesse vergraben* 1583. Dazu am Rande zu „*bärhämmig*": *Alls ettwas prästens oder mangells an den beinen.*

§ 46. d) Fernere primäre Quellen sind die Blasphemiæ. Unter Blasphemiæ verstand man nicht nur die Gotteslästerungen, sondern auch Injurien, Drohungen u. a. (s. Segesser, Rechtsgeschichte, am betreffenden Ort). Kamen nun solche Injurienstreitigkeiten vor Gericht oder wurden die Gotteslästerungen verzeigt, so wurden natürlich die betreffenden Worte in den Protokollen notiert, z. B: *do sprache sy wie tuost du* † *Rotz gätterlj*[3] *do sprache er jch will lieber eins Rotz getterli sin dan ein gelwe huor* ca. 1487.

---

[1] L mutis [-◡] in einem Zug.
[2] Leider sind da zwei Druckfehler stehen geblieben, es soll heissen „Xuenegle" und „tüfels".
[3] rotes Gitter? Der Mann war wohl pockennarbig?.

Es ist zum vornenberein klar, dass diese Injurien genau notiert wurden, wie sie gesprochen wurden, mit andern Worten, dass uns hier reine Ma vorliegt (siehe indes § 48).

Dass sie genau notiert werden mussten, geht noch daraus hervor, dass das Strafmass von der Intensität der Blasphemia abhing (Segesser am betreffenden Ort). Des ferneren wird häufig durch Zeugenaussagen der Wortlaut festgestellt: *Clagt die schlosserin die haffengiesserin hab geredt sy sye pesser dann sy, vermeint die haffengiesserin sy hab nun*[1]*) geredt jch bin als guot als du Jst nach rerhoerung der kuntschaft*[2]*) an dero sich funden das die hafengiesserin geredt sy sye pesser dann die schlosserin erkennt etc.* 1510.

Anderer Fall: Zeugenverhör über die Blasphemiæ des Jöstli Meyer, Kundschaftsbuch 1573, Donnerstag vor Judica: *Hans Rüttiman bezügt vnder anderm schwüere Jöstli † das dich gotz 1000 hergott schend.*

Hans schwartzenberger bezügt jöstly habe gar übel gfluochet † Touffet † Sacramentet vnd anderes.

Jacob Janss bezügt Jöstlj schwüre allweg gotz hergott Sacrament Element † Toufft † krisam † wunden † lyden vnd derglychen.

Heinrich Lipp bezügt er horte wol das Jöstli grusam schwüre gotz 1000 Sacramentt † schend so vil Element † Touff † wunden etc.

Margret schilling bezügt ouch das Jöstly so grusam gschworen Hergotts † Lyden Sacrament † Lyden † wunden vnd anders.

Ruodolff bolzär bezügt ouch habe die schwür von jöstly ghörtt 1000 herrgott 1000 Sacrament vnd derglychen.

Anderer Fall: *Elssbeth schnablery bezügt aller dingen wie obgedachte dann allein das sy das wörtlin leckers büeblj nitt gehörtt.*

Und nicht selten werden eigentliche philologische Untersuchungen über Injurien vorgenommen, z. B: *Diewyl das*

---
[1]) nur.
[2]) Zeugenschaft.

wort † mutten wüscher für ein scheltwort kan grechnet werden 1619 — *Maria II. hat sich beklagt die Nussbaumerin hab Jhro Huor gesagt die Nussbaumerin aber sagt Sye hab Jhren nit huor wohl aber † Muttin gsagt was aber Muttin sye das wüsse Sye selbss nit wan (?) nun bekhanth das dieses Ein huor sagen will so jst Erkhenth etc.*

§ 47. e) Zu den primären Quellen gehören ferner Partien aus dem Processus-Informativi. In den Processus-Informativi werden nämlich vom Ende des 17. Jahrhunderts an wichtige Zeugenaussagen teils in reiner, teils in leise nhd. gefärbter Ma aufgenommen. Das älteste Dokument dieser Art ist der Processus-Informativus in Sachen des Peter Bühlmann Rotenburgeramt, 1681, aufgezeichnet von Vogtschreiber Dürler (Staatsarchiv Luzern: IV Pers. Alt. Reg. Pars. V. Cap. 13. Art. 19. No. 4). So sind folgende Citate völlig Ma: *druf heig er gseid dass wer nid guet*[1]) 1681. — *ess heig Neumer ihnen güklet bim pfeister*[2]) ca. 1720. — *Er heig'e gern ghu*[3]) 1722. — In folgendem Citat fehlt nur bei *uffe* das bewegliche „n": *sie well uffe offen uffe grope*[4]) 1739. In dem Passus: *er sig eister vill zhusli vnd missthrüig gsin*[5]) 1681 ist nur das „n" von *gsin* nicht Ma. Mehr nhd. Färbung haben folgende Stellen: *er hab ihm allzyt öbbe ihm lyde Cristi glesen*[6]) 1681. — *Nüd bsonderss alss dass er ihm bysswilen ehsso gstoberet gsen aber hand kehr vmb sig er wider Lustig gsin*[7]) 1681. — *wenn ich könnt dem fulen kätzers läcker öpis anen machen*[8]) 1694.

Diese Aufzeichnungen sind so sorgfältig, dass Personen aus andern Dialektgebieten stets genau in ihrer Ma sprechend aufgeführt werden. So sagt 1699 die ausdrücklich

---

[1]) Darauf habe er gesagt: das wäre nicht gut.
[2]) Es habe jemand hereingeguckt beim Fenster.
[3]) Er habe ihn gerne gehabt.
[4]) Sie wolle auf den Ofen hinauf kriechen.
[5]) Er sei immer viel zu haushälterisch und misstrauisch gewesen.
[6]) Er habe ihm immer etwa im Leiden Christi gelesen.
[7]) Nichts besonders, als dass er ihn bisweilen so verwirrt gesehen, aber im Handumdrehen sei er wieder lustig gewesen.
[8]) Wenn ich könnte dem faulen Ketzers Lecker etwas anrichten.

als kantonsfremd angegebene Magd: *nämet, nämet,* und nicht: *nänd, nänd.*[1])

Würdigung der primären Quellen.

§ 48. In den primären Quellen liegt das Material sicher und deutlich zu Tage, es bedarf keines weitern Raisonnements, um dasselbe zu eruieren, und es bleibt nichts hypothetisch dabei.

Die Ergiebigkeit der primären Quellen ist dagegen nicht gerade gross zu nennen, sie ist übrigens bei den verschiedenen Kategorien verschieden.

Des ferneren richtet sich ihr Wert natürlich auch nach dem Alter.

a) Die poetischen Texte haben keinen grossen Wert, schon wegen ihres geringen Alters, und weil sie nie die Ma rein enthalten.

b) Die Glossen liefern Stoff für das Lexikon, einiges auch für die Erforschung des Lautwertes und der Wortbildung, nichts für Flexion und Syntax und (soweit bisher meine Sammlungen gediehen sind) für Sandhiverhältnisse.

c) In den Blasphemiæ sind in erster Linie die Stichworte sicher Ma, und somit fällt die Hauptbeute dem Lexikon zu. Besteht die Injurie aber in einer weitern Phrase, einem ganzen Satz, so ist oft auch der ganze Satz Ma, immerhin mit der Einschränkung, dass der Lautstand fast immer derjenige der KanzLuz ist. So ist folgende Stelle (Blas Acc. S. 400): *lek den gabelman*[2]) *vnd fach mir im ars an vnd küss mir die mutzen*[3]) *im zünglin*[4]), sicher Wort für Wort Ma, aber der Lautstand ist KanzLuz. (Vgl. ferner die Konstruktion von „*schend*", § 29.)

---
[1]) L nänd [-] nehmet!
[2]) [3]) [4]) Bedeutung?

Hierin liegt also auch Material für die Syntax. Endlich sind hie und da Einzelheiten auch im Lautstand der Ma niedergeschrieben, besonders von 1450 an. So heisst es 1505: *Du jäch er luog well Eins boess wib.* Hier ist der ganze Komplex *luog — wib* reine Ma, mit Ausnahme des „*Eins*". L lautet es: lueg wel es bĭss wib. Völlig reine Ma ist: *Das thůeg schier nötter* ca. 1550, L: das tüek šier nŏtr {das, tüeg, šier, nŏtr} — Ferner: *bist guott so gilltst dest mee*, L: beškuet so gełtš tes p me {bešt, guet, so, gełtšt, des [-!], t, me}.

Ein besonderer Wert der Blasphemiæ liegt darin, dass ihre Aufzeichnung schon 1381 beginnt (siehe § 33).

d) Die Zeugenaussagen in den Processus-Informativi biet n Stoff für alle Zweige der Forschung, namentlich für die Lautlehre. Diese liegt uns durch dieselben schon für die Zeit um 1680 klar und ausführlich vor Augen, und wenn es sich um Rückkonstruktionen handelt, braucht man nicht von heute, sondern man kann von 1680 ausgehen.

Die sekundären Quellen.

§ 49. Die sekundären Quellen bestehen darin, dass einem Luzerner, wenn er die KanzLuz handhabte, irgend etwas Mundartliches entschlüpfte. Sekundäre Quelle kann jedes Dokument der KanzLuz sein, mit Ausnahme der in § 65 aufgezählten Schriftwerke.

§ 50. In der I. Periode finden sich wenige bedeutendere Ma Beimischungen, etwa in den Urkunden der antikisierenden Richtung, namentlich in den Rathauser Rödeln; in der II. Periode besonders bei Ludwig Feer u. a.; in der III. Periode sind sie zahlreich, aber unregelmässig vertheilt. Zacharias Blätz (§ 66), schreibt oft ganz mundartlich, Renward Cysat hält sich die Ma möglichst vom Leibe. Aus dem ziemlich umfangreichen Tagebuch des Melchior Hartmann (Ende des 17. Jahrhunderts) habe ich gar keine Notiz gewonnen, aus der kleinen Witterungschronik von 1608 sehr viele.

§ 51. Einige sekundäre Quellen bedürfen noch einer speciellen Schilderung.

a) Die Verhörprotokolle. In den Verhörprotokollen kommt es vor, dass der Schreiber einzelne Wendungen in den Aussagen der Angeklagten, so wie er sie gehört, d. h. in der Ma, notirt, wohl gegen seinen Willen, in der Schnelligkeit. Wenigstens sind diese Phrasen manchmal durchgestrichen und die der KanzLuz darüber gesetzt. So heisst es in einem Diebsverhör 1576: *ein bätti*[1]) *verstolen*, dabei ist *bätti* durchgestrichen und *paternoster* darüber gesetzt. Ebenso sind im gleichen Jahre die Wörter *es böss bein*[2]) durchgestrichen und darüber ist gesetzt: *ein boesen schenkel* — Oft kommt es auch vor, dass der Verhörschreiber das Wort zuerst mundartlich, so wie er es gehört, schreibt, dann sich aber besinnt, und im Verlauf die Form der KanzLuz anwendet, so repräsentiert in Folgendem *lüngen*[3]) die Ma, *Lun* die KanzLuz: *angeklagt dz er lüngen vss wägen oder karren söllte entfrömbdet han — er ist gichtig das er 2 Lun vnd Ein ysinen nagel entfrömbdet* zwischen 1550 und 1600.

Wenn Renwart Cysat die Verhöre niederschreibt, so notiert er vielfach Ausdrücke, so wie er sie gehört, d. h. in Ma, setzt dann aber den Ausdruck der KanzLuz dazu, z. B: *das die krott jn einer nacht für jr hus komen sige gan muggen*[4]) *oder schryen* 1574 — Ähnlich von einem andern Schreiber: *sy habe ein düttschli*[5]) *old Blöchlj*[6]) *jns karren geleiss gestossen* zwischen 1550 und 1600.

§ 52. Die im vorigen § geschilderten Erscheinungen finden sich auch ausserhalb der Verhörprotokolle. Es trifft sich

---

[1]) L bāti [-◡] Paternoster.
[2]) L es bös bāi (es, böss, bāi) [◡-◡]
[3]) mhd. lun, lune.
[4]) L muke [-◡]
[5]) L tötsli [-◡]
[6]) kleiner Block.

hie und da, dass einem Schreiber, wenn ein Ausdruck mehrere Male vorkommt, etwa einmal die Form der Ma aus der Feder entschlüpft. So wird 1575 in einer Schrift von Heilpflanzen geredet. Unter anderm spricht der Verfasser auch von „*Agrimonien*", aber einmal entschlüpft ihm die Form „*† agermingen*", letzteres offenbar die Form der Ma. Ganz gleich verhält es sich mit der Form *krallen* gegenüber *korallin* in folgendem Satz: *Ein korallin bättj die krallen*[1]*) mer dann erbss gross* ca. 1540. Ebenso mit der Stelle *durchs wunders*[2]*) willen*, die ein paar Zeilen weiter *durch dess wunders willen* aufgenommen wird. Ferner: *Er solle ornig*[3]*) geben;* ein paar Zeilen weiter: *Er solle ordnung geben* 1673 — *Sy haben einander mentschen kath an geruert;*[4]*)* und: *Er habe demselben Mentschen khat nachgeworffen* 1673.

§ 53. b) Die „Briefe vom Lande", die Hauptquelle zur Erforschung der Ma. Es sind das Briefe und ähnliches, die von ungebildeten Personen, meist ab der Landschaft, geschrieben sind. Die Verfasser entschuldigen sich oft, sie hätten selber geschrieben, weil sie die Angelegenheit niemanden gewagt anzuvertrauen. In solchen Schriftwerken spielt manchmal die Ma, was natürlich, sehr hübsch mit. Und namentlich für die Lautwerte und Syntax sind diese sehr wichtig. So schreibt die KanzLuz immer: *rexiert*, ein Brief vom Lande 1611 hat dagegen *gfägsiert*, und das reflektiert die heutige Aussprache kfäksiert [-́] treffend.

Und wenn im gleichen Briefe steht: *an fulem jst es sich nit zu wäschen*, so stimmt die Konstruktion „*jst es sich zu*" genau zur heutigen: a fulm eŝŝi netswäŝŝe {a, fulm [-̆], eŝ, si, ned. ts, wäŝŝe}.

Ebenso reflektiert die Schreibung „*Jn Vermacion*" in folgender Stelle: *die rechte Jn Vermacion haben* ca. 1700

---

[1] L. zralie [-̆].
[2] L s wondrs wäge [́ ̆ - ̆] um die Neugierde zu befriedigen.
[3] L. ornig [-̆].
[4] L. akrüert [́ -].

hübsch die tatsächliche Aussprache in der Ma, welche die zweite Silbe geschwächt hat. Die KanzLuz schreibt immer *Information*.

Bekannt ist, dass unsere Mundarten als Relativ nur das unveränderliche „wo" besitzen. In der KanzLuz habe ich es sonst nirgends getroffen, in Briefen vom Lande häufig, z. B: *Dass Meittli wo allezeit hung*[1]) *holt*.

Ebenso dr [ᴗ], die geschwächte Form der Präposition „durch", z. B: *ich bitte der gottess willen* 1701 (oder 1702?); *ich bitte der duset gotz willen* 1710.

Solche Briefe aus anderm Ma Gebiet reflektieren ebenfalls das heimische Idiom. So erkennt man solche aus dem Entlebuch (§ 9) sofort, so ist in folgendem Passus: *Hans sagt noch hieruber das dieFrauw auss dem gschnitt*[2]*) geloffen* 1752, die Form *uber*, gesprochen obr [-ᴗ] Entlebucher Ma, L sagt öbr [-ᴗ].

§ 54. c) Die falschen Schreibungen. Es kommt sehr oft vor, dass ein Schreiber einen Ma Lautwert in die Kanz-Luz umgiessen wollte, dabei aber einen Fehler machte:

In L werden in mehreren Fällen verschiedene schwache Endungen promiscue verwendet, so sagt man neben einander ietset [-ᴗ] und ietsig [-ᴗ] „jetzt"; obet, obe, obig, „der Abend"; früher standen **tuset (geschrieben *tusent*) und tusig [-ᴗ] neben einander, jetzt gilt nur noch das letztere. So haben auch **drištet, **drište und **drištig [-ᴗ], mhd. dri-stunt, alle jetzt ausgestorben, neben einander bestanden (die betreffenden Schreibungen sind: *dristent, dristen* und *dristig* 1490). Nun treffe ich 1413 eine Form: *dristung*. Das ist nun bloss eine falsche Etymologisierung von *dristig*, indem nämlich in andern Fällen „ig" wirklich altes „ung (unc)" vertritt, z. B: räχχnig [-ᴗ] Rechnung. Aber diese falsche Schreibung beweist mir, dass schon 1413 in der Ma ein **drištig [-ᴗ] bestand.

---
[1]) Honig.
[2]) das Schneiden des Getreides.

Ich habe früher bemerkt (§ 36), dass ich die proklitische Form des unbestimmten Artikels „e", die doch schon 1280 bestand, in den Dokumenten der KanzLuz gar nie getroffen, ich muss das dahin modificieren, dass sie wenigstens einmal vorkommt, in einer falschen Schreibung versteckt. Wie man nhd. sagt „ein wenig", so sagt MaLuz e χli [⌣-] „ein klein". Dieses e [⌣] schreibt nun 1513 ein Schreiber missverständlich „an": *dass er jren an klein jn kopf gen heig.*[1])

Eine L Phrase lautet äim ts bešt rede [-⌃-⌣] zu Gunsten von Jemanden reden. Dieses „ts" kann nun sowohl der Vertreter von mhd. ze (Präp.) als auch daz (Artikel) sein. Die Schreiber wussten nun faktisch nicht, welches die richtige Wiedergabe sei, bald schreiben sie *zu best*, bald *das best reden* (§ 85).

Das Wort äistig [-⌣] „immer", hat in L die Nebenformen äistr [-⌣] und äistrt [-⌣]. Dieses äistr wird nun von den Schreibern des 16. Jahrhunderts in ein ganz ungeheuerliches *einstar* oder *eins dar* oder *ein tharr* umgedeutet: z. B: *viele das knabli einstar von bossheyt nider* 1558. Aber diese Schreibung zeigt indirekt an, dass die Nebenform äistr schon in dieser Zeit in der Ma bestand und ersetzt den Mangel direkter Belege.

Der Artikel fem. t wird durch Sandhigesetze oft unkenntlich. So wird Pada t tŏre zu Samhita tŏre [-⌣] die Thüre; Pada t χanne zu Samhita kχanne [-⌣] die Kanne. Hierauf basiert nun folgende Stelle: *ich slan dir kannen an grind* 1418 ich schlage dir die Kanne an den Schädel. Hätte der Schreiber die KanzLuz genau gehandhabt, so hätte er „*die kannen*" schreiben müssen; von der Ma beeinflusst, liess er das „*die*" weg. Ganz gleich verschwindet der Artikel vor Labialen, und darauf basiert folgende Schreibung: *er spricht bhenki*[2]) *hab er oben funden* 1563.

Die enklitische Form des Personalpronomens Sg. II: t

---
[1]) gegeben = versetzt habe.
[2]) das Behäng.

(z. B: wen t wet wenn du willst) verschwindet nach dem št des Verbums völlig, z. B: gošt {gošt, t} gehst du?. Hierauf basieren Schreibungen wie folgt: *wie meinst, das es uns gan werde* 1571 — *habe zu mir gesprochen meinst dz ich jost abegy*¹*) sye* ca. 1560.

Würdigung der sekundären Quellen.

§ 55. Die sekundären Quellen sind bedeutend reicher, als die primären. Dagegen liegt in ihnen das Material nicht direkt zu Tage, sondern es muss aus der Umhüllung der KanzLuz herausgeschält werden. Hiezu giebt es mehrere Hülfsmittel, besonders die luzernerische Kulturgeschichte und der heutige Stand der Ma (resp. der von 1680). Näheres hierüber im VI. Kapitel.

§ 56. Bei den sekundären Quellen spielt also das persönliche Urtheil des Untersuchenden seine Rolle. Was nun meine Person anbelangt, so darf ich sagen, dass ich nicht leichtsinnig an die Arbeit gegangen bin, da ich einerseits, meine Universitätsjahre ausgenommen, das Gebiet der Ma nie verlassen und anderseits schon Jahre lang in unsern Archiven gearbeitet habe. Wo also die Kriterien der Kulturgeschichte und der jetzt lebenden Ma, etc., nicht ausreichen, so werde ich, natürlich mit grosser Vorsicht, hie und da auch bloss nach meinem Gefühl entscheiden dürfen, ob irgend etwas wirkliche Ma oder bloss KanzLuz gewesen. So halte ich die Phrase *zur seltzame*, die im 16. Jahrhundert hie und da vorkommt, für ächtes Eigentum der Ma, ohne einen greifbaren Grund dafür angeben zu können. Ein Beleg: *Küttel*²*) Jm wägis*³*) bezügt dass Einer rss Zürich piett Bartlin Kuonz genannt wol zu predig gangen Aber by dheiner mäs habe er Junne nie gesehen Dess Bartlis Frow sige wol etwan † zur seltzame zur mess gangen.*

---

¹) ein Geschlechtsname.
²) .
³) eine Strasse in Luzern.

§ 57. Übrigens giebt es in den Handschriften Stellen, denen man es ohne weiteres ansieht, dass sie unzweifhaft Ma sind. Wenn es in einem Gerichtsprotokoll ca. 1487 heisst: *vrsuli von wil clagt dz der horwerin junkfrow*[1]*) jra rff der † helgen Rychsfryen strass gewartet vnd nachgejlt*, so sind die Worte *† rff der helgen Rychsfryen strass* offenbar lexikographisch genau so aus dem Munde der wichtigtuenden Weibsperson gekommen. Oder wenn 1545 Herr Wernhart auf die Wichtigkeit eines Dokumentes aufmerksam gemacht wird, und wenn es dann weiter heisst: *Rette her wernhart † gygile gägeli ich will des brieffs nütt*, so sind die Worte *gygile gägeli*, womit Wernhart seine Geringschätzung ausdrückt, offenbar Ma und die Orthographie drückt auch den realen Lautwert ziemlich gut aus. Ähnlich folgende höhnische Abschiedsworte, die 1556 Batt Hügli zu seiner Frau spricht, welche ihn fortgesetzter Misshandlung wegen verlässt: *barbeli*[2]*) witt*[3]*) von mir rette sy ja rette batt Hügli wolan ade † sanct johans segen well gott dz † ein guotte stund sig* 1556. Und wenn 1674 uns vorgeführt werden: *Das † Allerleili mit siner schwöster*, so ist *Allerleili* auf den ersten Blick eine ächt mundartliche Bildung. Das *Allerleili* ist die Frau des Allerleimachers,[4]) *Allerleimacher* wird gekürzt zu *Allerleier* und dazu ist *Allerleili* (neutrum) die regelrechte Femininform. Und wenn 1680 von der Selbstmörderin verzeichnet ist, sie habe vor der That gesprochen: *für mich were nichts bessers als die † Schufflen vff dem grind*, so sind das unbedingt die von ihr gesprochenen Worte gewesen, und wenn die gleiche Phrase in ähnlicher Situation 1690 wieder kehrt, so geht daraus auf den ersten Blick hervor, dass *† die Schufflen vff den grind*[5]) eine gäng und gäbe Wendung der Ma gewesen.

---

[1]) Magd.
[2]) Bärbchen.
[3]) willst du.
[4]) Welcher verschiedene Handwerke mit einander treibt.
[5]) die Schaufel (des Totengräbers) auf den Hirnkasten.

Die tertiären Quellen.

§ 58. Neben den bisher erwähnten Quellen giebt es noch einige von geringerer Wichtigkeit, die indes dann und wann doch auch ihre Dienste thun können. Solche tertiäre Quellen sind
a) die Volks- und Kinderpoesie.
Auch diese, so viel an armseligen Resten noch vorhanden ist, ist als tertiäre Quelle aufzuzählen. Durch den Reim werden hie und da noch einige Formen festgehalten, die sonst in L verschwunden sind. So verwandte V den Ausdruck *denen*, gesprochen däne [-ᵛ], mhd. dannen, im Sinne von „fort, weg". Und dieses Wort findet sich noch in folgendem, allerdings sehr wenig poetischen Spruch:

„En Eisse,¹)
Gott hed-e²) verheisse.
Gohd-er nid us,
Wird-er wi-n-es Beihus;
Gohd-er nid däne,
Wird-er wi-n-e Söibänne".³)
(Der Spruch ist *nicht* phonetisch geschrieben.)

Beleg aus V: *Da hab Wendell zur Muotter gredt Du allte hex schny*⁴) *denen* 1583.

§ 59. b) Manchen Dienst können uns die Orts- und Flurnamen leisten. Einlässlich ist hierüber in J. L. Brandstetter Beiträge abgehandelt. Ich will hier noch einiges beifügen.

Obwohl diese den Lautgesetzen wie jedes andere Wort unterworfen sind, so kommt es doch nicht selten vor, dass sie aus dem Begriffsverband heraustreten (vgl. Grundriss der germanischen Philologie an betreffender Stelle) und dann gewissen Änderungen nicht mehr unterworfen sind. So ist V *spycher*, mhd. spicher jetzt zu špir [-] geworden, in

---
¹) Eiterbeule. (mask.)
²) hat ihn.
³) Wagen zum Schweinetransport.
⁴) packe dich.

Ortsnamen ist dagegen die ältere Form beibehalten, z. B: „Spichermatt", gesprochen špiχrmat [-ᵕ⁴] bei Kriens. Die Bedeutung der Ortsnamen für die Eruierung des Wortschatzes wurde schon erwähnt. Ich füge hier noch bei: Ca. 1570 lese ich: *sige ein † sumpffe jm weidtlj*[1]) *gsin Allso das er Es vsstollen*[2]) *wöllen*. Nun weist das schon erwähnte Flurnamenbuch den Namen Sumpf allerdings nur dreimal auf, aber in zwei ganz verschiedenen Gegenden des Kantons, in Buchs und in Schongau, daher wird jenes Wort einmal in der Ma existiert haben.

§ 60. c) Spitznamen, seien sie ausgestorben oder noch lebend. Ein Beispiel:

Das Pronomen öis [-] „uns" lautet enklitisch is [ᵕ]. Dafür habe ich vor 1680 gar keinen Beleg gefunden, ausser in einem Spitznamen. Das Verhörprotokoll von 1573 sagt von einem Angeklagten: *sim vatter habe man gseit*[3]) *getz stern bin jss*. Der Spitzname *getz stern bin jss* war offenbar der Lieblingsfluch des Betreffenden und bedeutet: „Gottes Stern bei uns". Und hierin ist die enklitische Form des öis deutlich bezeugt. Ferner, wie L sagt fo öis [-⁴], aber fon is [-ᵕ] „von uns", also vor der vollen Form des betonten Pronomens das „n" nicht setzt, wohl aber vor der enklitischen, so hat sich durch Übertragung ebenfalls bin is [-ᵕ] neben bi öis [-⁴] „bei uns", gebildet und für dieses bin is ist in obigem Fluch ebenfalls der einzige Beleg enthalten, den ich gefunden.

§ 61. d) Vereinzelt ist noch manches sprachhistorische Material hie und da in Erscheinungen unseres Kulturlebens versteckt. Beromünster hat am grünen Donnerstag die Ceremonie, dass Judas die dreissig Silberlinge unter die Buben auswirft. Diese Silberlinge heissen „Blanken", gesprochen blañkχe [-ᵕ]. Sie sind aus Blei, also aus einem wertlosen

---

[1]) in der kleinen Weide.
[2]) L ustole [⁴-ᵕ] drainieren.
[3]) gesagt.

Material gegossen. In der älteren Zeit war Blanke eine Silbermünze.

Das Wort χopf [-] hat seine ursprüngliche Bedeutung „Becher" in der MaLuz längst verloren. Nur der Becher der altehrwürdigen Fritschizunft der Stadt Luzern wird noch „Fritschikopf", gesprochen: frōtšiχopf [⁻ ᵕ -], geheissen. In stadtluzernerischen Dokumenten des 16.—18. Jahrhunderts begegnet nicht selten der Ausdruck *ƒ Frau Müetterli* für Mutter. War nun das ein Ausdruck von V oder bloss der KanzLuz? Ein Kinderspiel giebt Antwort darauf. Noch in den sechziger Jahren sagten in der Stadt Luzern die Mädchen, wenn sie mit ihren Puppen „Mutter und Kinder" spielten: me wemp frau-müetrle {me, wend, fraumüetrle} wir wollen Frau-Mütterl-en. Also muss das Wort *Frau Müetterli* einmal in der Ma existiert haben.

§ 62. e) Als tertiäre Quelle ist ferner auch die Ma von Leerau anzusehen. Diese steht der MaLuz sehr nahe (siehe § 9), hat aber in vielen Fällen ein altertümlicheres Gepräge erhalten. So erscheint mhd. hôchzît [⁻-] in L als hǝχsig [-ᵕ]. Dieses hoχsig setzt aber (nach § 70b und § 54) ein älteres hoχset [-ᵕ] voraus. Aus V vermag ich diese Form nicht zu belegen, wohl aber ist sie die jetzt lebende der Ma von Leerau (siehe Hunziker unter diesem Artikel). — Des ferneren weiss man, dass die schweizerischen Ma in der Dehnung ursprünglicher Kürzen sehr verschieden verfahren. Hiebei zeigt es sich manchmal, dass die MaLuz dehnt, während Leerau die Kürze beibehalten hat.

Theilweises Fehlen von Quellen.

§ 63. Sehr wenig Stoff liefern die Quellen für Feststellung der Sandhiverhältnisse. Nur in Kompositis und zwar meistens bei Ortsnamen weist hie und da die Schreibung darauf hin. So wird der Ortsname „Altbüron" in L αλpüre [́-‿] gesprochen, und auf diese Aussprache weisen Schreibungen wie *Datum apud Alpurron* 1283 — *da auch Alpürre gelegen was* 1312, hin. — Fernere Fälle: *als sy Erbbäry gwunnen* 1591 (*Erbbäry* = Erdbeere, L äperi [́-‿] mit Schwund des r); *des lirpriesters* 1280; *lüppriester* 1592; L leprieštr [́‿-‿!] Leutepriester. (Siehe noch § 54.)

§ 64. Gar kein Material bieten uns die Quellen für die Erforschung der Akzentverhältnisse.

Die Akzentverhältnisse von V können also nur durch Raisonnement erschlossen werden. Beispiel: Der Ortsname Luzern, L lotsärn [-́] hat den Hauptstarkton auf der zweiten Silbe. Im 13., 14., 15. Jahrhundert verliert *Luzern* in Kompositis das „n", es heisst immer nur: † *Lucer brod;* † *Lucer mes¹);* † *Lucer matt,* etc. War nun in *Lucer* der Akzent gleich, wie in *Lucern?* Obiges *Lucermatt* heisst jetzt, volksetymologisch umgedeutet, Lützelmatt, L lõtsλmat [-‿́]. Diese Umdeutung liesse sich nun kaum begreifen, wenn *Lucer* den Akzent [-́] gehabt hätte, denn der Klang des *Lucer* [-́] wäre dann von dem des lõtsλ [-‿] allzu verschieden. Sehr nahe kommen sich aber die beiden, wenn beide die gleiche Akzentuierung haben: **lotsr [-‿] und lõtsλ [-‿].

Es ist daher wahrscheinlich, dass *Lucer*, wenn nicht ursprünglich, so doch zu einer gewissen Zeit, den Akzent [-‿] hatte.

Im 15. und 16. Jahrhundert figuriert nicht selten der Eigenname † *Thewis*, von 1560 an häufig auch † *Thebis* oder † *Debis* geschrieben. War die Endsilbe in *Thebis* stark- oder schwachtonig? Der Umstand, dass das ältere „w" später durch „b" ersetzt wird, giebt uns sichere Auskunft auf diese Frage. Die MaLuz duldet im Innern eines Wortes „w" nur, wenn es eine starktonige Silbe anfängt, z. B: lewat [́-] der Reps; esiwitr [-‿́‿] Jesuit. Im

---
¹) **Maass.**

Eingang von schwachen Silben wird es immer beseitigt, meist so, dass es in „b" übergeht, z. B: ɛbig [-ᵕ] zu mhd. êwec; wɛbɛlɛ [-ᵕ⁻] wehklagen, zu mhd. wêwen. Folglich war in dem Worte *Thewis* = *Thebis* die Endsilbe mindestens in der Zeit, da das „w" in „b" überging, schwach. Der Name Veronica, L ferɔnikχa [-ᵎᵕ-] oder frɔni [-ᵕ], heisst im 16., 17., 18. Jahrhundert stets † *Fronegk* oder † *Fronegg*. War die Endsilbe stark- oder schwachtonig? Die Wiedergabe der Gutturalis durch „gg" oder „gk" zeigt, dass dieselbe die Fortis „k" war. Nun duldet die MaLuz als Auslaut schwacher Silben kein „k". Es giebt z. B. eine bedeutende Zahl von Ortsnamen, die mit Egg, L ek [-], komponiert sind. Bei vielen tritt (nach § 70b) Schwächung des Egg ein, dabei wird e [-] zu i [ᵕ] und „k" zu „g". So heisst *Hochenegg* jetzt hɔnig[-ᵕ]; *Habchegg* jetzt hapfig[-ᵕ]; *Archegg* jetzt arig[-ᵕ]. Schreibungen wie *Hapfig*, *Arig* gehen ins 17. Jahrhundert zurück. Da somit in dieser Zeit „k" am Ende schwacher Silben nicht geduldet wurde, *Fronegk* aber ein gesprochenes „k" hatte, so war die Silbe *egk* stark und die Aussprache war **frɔnek [ᵎ-]. Die Stichprobe auf die Richtigkeit dieses Raisonnements beruht darauf, dass „Chronik" (Chronika hat den gleichen Tonfall wie Veronika) ebenfalls χrɔnek [ᵎ-] (fast †) gesprochen wird.

Schriftwerke, als Quellen unbrauchbar.

§ 65. Schriftwerke, welche folgende Merkmale haben, sind für die Forschung unbrauchbar:
    a) Schriften, welche ganz oder theilweise auf Kompilation beruhen. Dazu gehören die in den Bibliotheken des Kantons Luzern vorhandenen Glossarien (nicht zu verwechseln mit dem, was in § 45c behandelt ist), über die ich in Herrigs Archiv und im Gfd berichtet; die meisten Chroniken; Renward Cysats handschriftliche Kollektaneen; etc.

b) Schriften, welche nach andern Mustern bearbeitet sind. Dazu gehören viele Texte oder Texttheile der geistlichen Spiele der Stadt Luzern; die meisten Gesetzessammlungen, Dorfrechte und Anschenbücher etc.

c) Schriften, deren Inhalt über den Ideenkreis des Volkes hinausgeht, so alle wissenschaftlichen, z. B. die theologischen Werke.

d) Was sich in konventionellen Phrasen bewegt, die in weitern Gebieten Geltung haben, z. B. Liederdichtungen, Anfang und Schluss vieler Urkunden.

e) Die alten Drucke. Luzern hatte erst von 1636 an ständig eine Druckerei. Vorher wurden die von Luzernern verfassten Bücher auswärts, in Freiburg (Schweiz), München, Ingolstadt gedruckt. Aber auch die vom Jahre 1636 an in Luzern selber entstandenen Drucke sind, wenigstens für eine Reihe von Jahren, nicht verwendbar, da die Drucker Fremde (Hautt von Strassburg) waren. Es ist überhaupt misslich, gedruckte Bücher für feinere Fragen (z. B: Lautstand) zu benutzen, denn ich werde später nachzuweisen haben, wie ungenau oft in früheren Zeiten der Verfasser bei der Korrektur verfuhr, so dass man nicht weiss, was dem Autor und was dem unbekannten Setzer angehört.

§ 66. Sehr hinderlich für die Erforschung der MaLuz ist, dass in Luzern nicht selten aus politischen Gründen fremde Schreiber angestellt waren. Die von diesen verfassten Schriftwerke sind natürlich auszuschliessen, jedoch unter folgenden Einschränkungen: Die Blasphemiæ dürfen als Quellen benutzt werden, auch wenn sie von Fremden niedergeschrieben sind. Die Gründe hiefür sind in § 46 angegeben.

Gleich wie mit den Blasphemiæ verhält es sich auch mit den Termini technici in den Mannschaftsrödeln und ähnlichem. Hier mussten doch die Schreiber, waren sie einheimische oder fremde, die Ausdrücke brauchen, welche in Luzern gebräuchlich waren. Wenn ich z. B. lese:

1569 *Zunftoppelhaggen sind geordnett: Roni*[1]) *Hartter. Zun † Handtroren sind geordnet: heinrich pfyffer, etc. Zunn spiessen sind geordnet: Dietrich pfyffer, etc. Zun † Halm parten: virgilius goldtschmid,* so waren die Ausdrücke *toppelhaggen* etc. sicher Ma, und es ist ganz gleichgültig, wer diesen Rodel geschrieben.

Zacharias Blätz, gest. 1570, darf ohne Bedenken benutzt werden. Denn die Ma seiner Vaterstadt Zug weicht fast gar nichts von der MaLuz ab, und war vielleicht in jener Zeit ganz identisch mit derselben. Dazu kommt, dass Blätz Jahrzehnte lang in Luzern gewirkt. Und ich habe auch faktisch in den von ihm verfassten sehr zahlreichen Archivalien auch nicht einen einzigen Fall getroffen, der gegen die MaLuz verstossen würde.

Durch fremde Schreiber wurde die Schreibung *au* für â in Luzern eingeschleppt, und es finden sich hie und da Dokumente, welche von ächten Luzernern verfasst sind und durchaus nichts gegen die MaLuz verstossendes aufweisen, welche aber konsequent jenes *au* schreiben. Solche Schriftwerke dürfen ebenfalls als Quellen benutzt werden. — Dass aber in den eben geschilderten Fällen grosse Vorsicht notwendig ist, brauche ich nicht beizufügen (siehe § 56).

Anmerkung: Die in diesem und im vorigen § geschilderten Missstände kommen mehr oder weniger auch anderswo vor, wie überhaupt die in meiner Abhandlung geschilderten Verhältnisse mutatis mutandis sich auch bei den andern schweizerischen Ma zeigen.

§ 67. Förderlich ist dagegen der Forschung der Umstand, dass man bei unsern Quellen meist genau wissen kann, wer sie abgefasst hat. Sehr viele tragen die Unterschrift.

---

[1]) Hieronymus.

so „die Briefe vom Lande". Bei grösseren Textganzen, Protokollen etc., etc., kann man den Schreiber durch Kombination, aus seiner Hand, etc. herausbringen. Wenn Personen gerichtliche Aussagen machen müssen, so ist auch wieder genau angegeben, wer und woher sie gewesen. So ist 1590 im Thurmbuch zu lesen, wie einer Rechenschaft giebt über die Heilmittel, *die er für sin kranckheitt die Er an siner Mannssterckj*[1]) *Erlitten genannt der Blaasen* verwendet. Hiebei werde ich den Ausdruck *Blaasen* nicht für das luzernerische Lexikon vindicieren, denn der Deponent war aus Bamberg.

V. Kapitel.
Die Methode bei der historischen Erforschung der Mundart.

A. Allgemeine Grundsätze.

§ 68. Ich will zuerst einige Grundsätze anführen, die bei jeder historischen Erforschung von schweizerischen Ma, sei sie archivalisch oder nicht, befolgt werden müssen und deren Nichtbefolgung, wie ich da und dort beobachtet habe, zu Fehlern führt. So genügte es in vielen Fällen nicht, eine Form der Ma auf das Mhd. zurückzuführen, zumal da das Mhd. zum mindesten etwas Künstliches gewesen sein muss, sondern man muss auf das Ahd. (Altalem.) zurückgreifen.

Wenn ich z. B. lese:

„Auslautendes m ist geschwunden in Wörtern wie bode, mhd. bodem, erhalten in Dativen wie selbm, mhd. selbem",

so ist diese Zusammenstellung falsch, denn die beiden Wör-

---
[1]) το πέος.

ter endigen wohl im Mhd. auf „–m", aber im Ahd. ist der Wortschluss verschieden: bodam neben selbemu. Man sollte daher auch nie sagen „kommt vom mhd. etc.", sondern „gehört zum mhd. etc.", oder ähnliches.

§ 69. Des Ferneren seien hier Punkte erwähnt, wo, weil man zu wenig in die Details eingeht und viele einzelne Fälle unter eine grosse Kategorie zusammenbringt, wenn auch nicht direkte Fehler, so doch schiefe Auffassungen erwachsen. Ich will hier besonders einen Punkt hervorheben. Wenn man von Auslautgesetzen spricht, so genügt es nicht, einfach zu sagen, „ahd. x x ergiebt Ma y y", u. ä., sondern man muss ungefähr nach folgenden Ideen verfahren:

Vokalische Auslautgesetze für die Bildungs- und Ableitungssilben:

a) Die Quantität der ahd. Stammsilben hat keinen Einfluss.

b) Alle auslautenden langen Vokale des Ahd. — der Vorgang ist rein lautmechanisch — bleiben in L erhalten, als i [ˇ] oder e [ˇ], alle kurzen fallen weg. So ergiebt in schönster Entsprechung der schwache ahd. Opt. suohtî L sueχti [-ˇ]; nâmi dagegen nëm [-]. Siehe Braune, ahd. Gram. S. 225.

c) Inlautende lange Vokale bleiben, z. B: de feššet [ˇ-ˇ] er fischt.

d) Inlautende kurze Vokale bleiben, wenn sie durch einen Nasal gedeckt waren, z. B: juget [-ˇ] die Jugend; leget [-ˇ] liegend.

e) Inlautende kurze Vokale schwinden, wenn sie durch einen anderen Konsonanten gedeckt sind, z. B: de lid [ˇ-], aus älterem **ligt er ligt; de tömšt [ˇ-] der dümmste.

f) Der Vokal bleibt, wenn zu harte Lautgruppen entstehen würden, z.B: de wüeštišt [ˇ-ˇ] der wüsteste.

g) Nach § 7 hat die zweite schwache Silbe [ə] mehr Ton als die erste, daher fällt der Vokal des Super-

lativsuffixes in Wörtern wie χromm [-], χrŏmšt
[-] krumm, krümmst, bleibt aber in loštig [-ᷠ],
löštigišt [-ᷠ ᷠ], (Umlaut!).

h) Besteht ein Silbenkomplex schon aus [-ᷠ], und tritt
dann noch eine [ᷠ] Silbe an, so dass wir nun [-ᷠ ᷠ]
haben, so ist die mittlere schwache Silbe, [ᷠ], noch
schwächer, als wenn jene zweite schwache, [ᷠ], nicht
folgen würde. Daher ergiebt mhd. vertec wohl fertig [-ᷠ] mit Beibehaltung des Vokals in der [ᷠ]
Silbe, aber „vertigen" ergiebt ferke [-ᷠ], V *fertgen*.
Ebenso šoλdig [-ᷠ] neben *† schullgen*.[1]

i) Ist das Bildungssuffix zweisilbig und beginnt die zweite
Silbe mit dem Laut „r", so wird vor diesem „r" der
Vokal nie ausgestossen (vgl. § 26). So steht neben
mhd. „belelen" L bātle [-ᷠ]; aber neben mhd.
„witeren" L wetere [-ᷠ ᷠ].

k) Bewahren ahd. zweisilbige Bildungssuffixe mit „l"
vor dem „l" den Vokal, so bekommt das Wort de-
minutive Färbung, z. B: töisle [-ᷠ] einfältig und
langsam vorgehen, töisele [-ᷠ ᷠ] das gleiche mit
Deminutivbedeutung. Ähnlich: hus [-] Haus, hüsli
[-ᷠ] Locus, hüseli [-ᷠ ᷠ] kleines Haus. Dieser Vorgang ist nicht rein lautmechanisch.

Anmerkung a. Wir haben hier die Auslautgesetze nur in
allgemeinen Zügen, im einzelnen sind noch viele Details
und Kreuzungen der Fälle zu finden. So ergiebt
ahd. haso regelrecht L has [-], aber hano ergiebt
hane [-ᷠ]. Hier ist aber hane aus einem obliquen
Kasus, nach d) entstanden.

Anmerkung b. Die Analogie durchkreuzt diese Gesetze
sehr oft.

Anmerkung c. Wenn die ahd. Vokale nicht ausfallen, so
werden sie entweder zu e [ᷠ], oder zu i [ᷠ]. Hiefür
gelten folgende zwei Gesetze:

---

[1] anschuldigen.

α) In letzter Silbe erscheint i [⌣] wenn = ahd. î oder in, und vor s, š, d, g; e [⌣] vor den übrigen Konsonanten.
β) In zweit- oder drittletzter Silbe erscheint nur e [⌣]. Beispiele: rǟχχnig [-⌣] Rechnung; rǟχχnege [-⌣⌣] Rechnungen; si maχid [⌣-⌣] sie machen; maχet si machen sie?

Anmerkung d. Wenn schon die Analogie in L eine grosse Rolle spielt, so spiegeln sich ahd. Verhältnisse oft mit grosser Treue wieder. So hat L als Bildungssilben für das Femininn: e, ene und i, und diese repräsentieren auf das genaueste die alten Suffixe in, inna und (das allerdings erst aus mhd. Zeit belegte) in, (siehe Braune, ahd. Grammatik, S. 160).

So heisst Näherin näijere [-⌣⌣] oder näijeri [-⌣⌣]; Köchin χöχχi [-⌣] oder χöχχene [-⌣⌣]; Wirtin nur wertene [-⌣⌣]. Belege dazu aus V: *angeklagt ein † ruholdy ze sin* 1563 — *angeklagt ein † ruholdene ze sin* 1580 — *Die wirtene zum Crütz* 1590 — *Den habe er einer Frouwen Ist ein Seypffen machere[1]) zekouffen geben* ca. 1600.

§ 70. Wichtig ist bei Erforschung jeder Mundart, welchen Standpunkt der Forschende gegenüber der Frage nach der Allgemeingültigkeit der Lautgesetze einnimmt. Zwar besteht die erste und notwendigste Obliegenheit darin, dass man das sprachliche Material sammle, registriere, beschreibe, aber auch bei dieser Thätigkeit wird die Parteistellung zu jener Grundfrage unvermerkt ihren Einfluss ausüben. Ich bin nun theoretisch nach keiner Seite hin zu einer festen Ansicht gekommen, für die Praxis halte ich es dagegen für erspriesslicher, an der Allgemeingültigkeit festzuhalten. Die Lauterscheinungen der MaLuz haben mich weder zur Bejahung noch zur Verneinung der Frage führen können. Nachweis: In L sind sämmtliche kurze „u" des Ahd. in „o" übergegangen, und hievon giebt es absolut keine Ausnahme —

---

[1]) eine Fabrikantin von Seife.

Mhd. „i, ü und iu" werden in der MaLuz diphthongisiert,[1]) wenn sie am Ende oder vor Vokalen stehen, z. B: blei [-] mhd. blī; kheije[2]) [-ᵕ] mhd. gehîen. Hievon giebt es eine einzige Ausnahme, ahd. „driu" erscheint als drü [-], während man dröi [-] erwarten würde. Es ist das um so auffälliger, da die benachbarte Ma des Entlebuchs die regelrechte Form wirklich hat — Mhd. „e", Umlaut von „a", lautet in L bald „e", bald „ä", ohne dass man bestimmte Normen der Vertretung auffinden könnte, siehe Gfd. 38, 227 — L hat ein Akzentgesetz, wonach, wenn zwei starke Töne unmittelbar aufeinander kommen und zwar der Hauptstarkton vor dem Nebenstarkton, also: [´-], folgende Änderungen des Lautstandes eintreten:

a) In der Silbe mit Hauptstarkton wird die Quantität der Sonanten oder der Konsonanten oder beider zugleich reduciert, Schwächung tritt aber nie ein, oder:

b) In der Silbe mit Nebenstarkton tritt Schwächung ein, dabei werden sämmtliche Vokale nach § 69, Anmerkung c. zu e [ᵕ] oder i [ᵕ].

Beispiele für die Behandlung der Silbe mit Hauptstarkton: Aus L:

hushaλtig [´-ᵕ], aus hus und haλtig; langes „u" ist gekürzt;

šumaχχr [´-ᵕ], aus šue [-] und maχχr [-ᵕ]; „ue" ist zu „u" reduciert;

stadhaλtr [´-ᵕ], aus štat [-] und haλtr [-ᵕ]; „t" ist zu „d" reduciert;

spanodere [´-ᵕᵕ], die „Spannader" = Sehne; „n" aus „nn";

grosmuetr [´-ᵕ], aus gross [-] und muetr [-ᵕ]. Hier ist sowohl „o" zu „o", als „ss" zu „s" geworden;

Aus V: *Hus vnd bongart*[3]) 1430
der stadhalter balthasar 1559.

---

[1]) Hiebei ist nicht an nhd. Einfluss zu denken!
[2]) siehe § 36.
[3]) L boñgart [´-] Baumgarten.

Beispiele für die Behandlung des Nebenstarktones:

Aus L: tsištig [-◡] Dienstag;
aplis [-◡] Ablass;
χeλhi [-◡] Kirchweihe.

Aus V: *zwei par bowelhenschen*¹) 1432;
*Ein † Gumpistzuber*²) 1430;
*In wienecht firtig*³) *nächst vergangen* 1505.

Diese Wirkungen treten aber nicht immer ein, wenn schon die Akzentstellung [´-] vorliegt, so steht neben obigem šumaχχr ein šuelompe [´-◡]; neben štadhaλtr ein štather [´-] Stadtherr; neben söištλ [-◡] ein χűeštaλ [´-], etc. Ja, die Fälle, wo überhaupt keine Veränderung eintritt, sind weit zahlreicher. Es herrscht somit hier scheinbar völlige Regellosigkeit. Ich sage scheinbar, denn die Schwierigkeit löst sich leicht: Das betreffende Wort im Kompositum, wo es unter der Macht des Akzentes steht, und das gleiche Wort ausser dem Kompositum, wo es frei von derselben ist, sind natürlich enge mit einander associert. Schwebt nun bei Hervorbringung des Kompositums das einzelne Wort, wie es ausser dem Kompositum gestaltet ist, dem Bewusstsein deutlich vor, so unterbleibt die Wirkung des Akzentes. Dass diese Ansicht richtig ist, beweist folgendes Moment. Da wir es hier mit einem Kampfe zweier Mächte zu thun haben, so ist zum vorneherein zu erwarten, dass schwankende Formen in bedeutender Zahl existieren müssen, und dem ist auch so. Man hört ganz promiscue hustőre [´-◡] und hustőre [´-◡]: noχpur [´-] und noχpr [-◡].

Diese Ausführungen sollen meinen skeptischen Standpunkt, von dem ich am Anfang dieses § gesprochen, rechtfertigen.

¹) Handschuhe aus Baumwolle.
²) ein Zuber für Kompost = Sauerkraut.
³) Feiertag.

B. Normen für die urkundliche Erforschung der Mundart.

a. Bei primären und sekundären Quellen.

§ 71. Ich stelle in folgendem einige Normen zusammen, welche mir für die urkundliche Erforschung einer Ma am wichtigsten vorkommen.

Besonders muss man gewisse orthographische Eigentümlichkeiten der luzernerischen Schreiber beachten.

a) Die Orthographie ist am schlechtesten von 1550 bis 1620, wo Ungeheuer wie *Bortt thile*[1]) 1576 vorkommen — Aber auch in dieser schlimmen Zeit beobachten einige Schriftsteller, so namentlich Renward Cysat, eine gewisse Mässigung.

b) Die Regeln der mhd. Orthographie in Bezug auf den Auslaut werden auch in der I. Periode nicht konsequent beobachtet, man findet ebenso häufig *tag* wie *tac*, in der ersten Hälfte der II. Periode schwinden sie ganz.

c) Am Ende der I. Periode findet sich statt *el* häufig *eil* geschrieben, z. B. *eilter, geilte*;[2]) † *Eilse*. Man kann daraus aber kaum den Schluss ziehen, „l" habe damals das „i" Timbre gehabt, denn jetzt hat es in gleicher Stellung das „u" Timbre, und so hätte es ja von einem Extrem zum andern sich bewegen müssen.

d) Die Doppelschreibung der Vokale, welche im 16. Jahrhundert aufkommt, richtet sich regelrecht nach der Quantität der Ma, so dass hier Schlüsse von der Schreibung aus erlaubt sind.

Beispiele: *Vich jm staal* 1579 — *sy syen zimlich bezecht gsin end habend Ein Hag embzeertt*[3]) 1584 (oder 1585) — *jm faal*[4]) *dz* 1590 — *Er habe sy in ein küchbaaren*[5]) *giroffen* ca. 1590.

---
[1]) Emporkirche = mhd. bor und dille.
[2]) mhd. gelte.
[3]) umgezerrt.
[4]) im Falle dass. [5]) Barren, Raufe.

e) Aus der Schreibung mit „h" kann man dagegen kaum Schlüsse ziehen, da dieses überall Schmarotzer ist. So ist in folgendem Passus: *gehnd*¹) *Jme nur weidlin*²) *er ist nun*³) *ein Zürcher* 1588, der Sonant in *gehnd* im Jahre 1588 trotz des „h" kurz gewesen.

f) Wenn „u" und „o" mit einander wechseln, so weist das mit Sicherheit auf die geschlossene Aussprache „o" hin. So lautet Rumor L rom0r [-⌣]. Diese Aussprache wird für das Ende des 15. Jahrhunderts erwiesen durch Schreibungen wie: *alss die von Rottenburg ein andern geschlagen vnd ein wild Romor da gewesen* 1489 — *ein wild Rumor gemacht* 1492 — Ähnlich: *ein nü buffet*⁴) 1582; *Dz sy an das boffet anhergfallen — tragt ein Jndianiges gurset*⁵) 1748; *ein Jndianisches gorsett* 1750. Das gleiche gilt für das „c", z. B: *si het zebellen*⁶) *us dem garten tragen* 1422; *zibelen stelen* 1480.

g) mit „gg" oder „gk" wird regelrecht die Fortis „k" der Ma wiedergegeben, z. B: *Apothegk* 1460; *Apentegg* 1620 = L apetɛk [-⌣⌣] — *lingg* 1430; *Lingk* 1520 = L leñk [-] — *Dannach sy meister thomman hinwegk gangen* 1588 = L ewäk [⌣⌣].

h) Das lange „i" wird häufig, aber nicht konsequent, durch „y" wiedergegeben, z. B: *wyn* 1299 = L wi; *Syfrit* 1382 = † **sifrid [⌣⌣].

i) Statt des einfachen Konsonanten wird sehr häufig der doppelte gesetzt, mit reiner Willkür, besonders bei t, l, m, n. Das umgekehrte kommt fast nie vor. Man kann somit aus Schreibungen mit Doppelkonsonanz nichts schliessen. Findet sich dagegen eine Schreibung mit einfacher Konsonanz gehörig

---
¹) gebt = versetzt, steckt.
²) sofort.
³) nur.
⁴) frz. buffet.
⁵) Korsett.
⁶) Zwiebeln.

belegt, so darf man daraus Schlüsse ziehen. Wenn ich im 16. Jahrhundert vielfach die Schreibung *rilicht* (mit einem „l") treffe, so beweist mir das, dass die heutige Aussprache filezt [⌣⌣] oder felext [⌣⌣] schon damals galt. Das gleiche ist der Fall mit dem vielfach belegten *spanader*, z. B: *er hab ir treüwet dspanaderen abzuhowen* 1552; jetzt Španodere [⌣⌣⌣⌣] Sehne (vgl. § 70).

k) Die Verdoppelung von Konsonanten (nicht bei l, etc. siehe i) muss offenbar hie und da dazu dienen, die Kürze des Vokales anzudeuten. Beispiele: *ein erin haffen* 1399 — *si söl ab seffy*[1] *rnd ruten*[2] *trinken* 1573. L hat in diesen Fällen kurzen Vokal und Lenis: hafe [-⌣]; sefi [-⌣]. Wenn 1577 neben einander steht *hagglatten* und *haag*, so ist durch die Orthographie ein Quantitätsverhältniss angedeutet, wie es heute noch besteht, indem in hag [-] der Vokal lang geworden, während in haglate [⌣--] die Dehnung nach § 70 verhindert wurde.

l) Andere Buchstaben oder Buchstaben-Gruppen werden dagegen nie verwechselt, z. B: „b" und „pp". Wenn ich daher 1572 lese: *Applasrruchen*, so ist das „pp" dem Einfluss der Ma zuzuschreiben, welche L aplis [-⌣] (die zweite Silbe geschwächt nach § 70) hat. Mit andern Worten, die Ma hat schon im Anfang der dritten Periode in diesem Wort „p" für „b", (mhd. abeläz) gesprochen.

m) Für auslautendes „d" wird sowohl „t" als „dt" geschrieben, z. B: *rwit* statt *und*, nicht aber umgekehrt. daher darf man aus Formen wie *god: stod (es dem so ob stod* 1470) schliessen, dass im 15. Jahrhundert Sg. III dieser Verbalklasse bereits die Lenis „d" hatte, L: de god [⌣-]: er geht: de stod [--]: de lid [⌣-] er liegt etc.

---

[1] Juniperus Sabina.
[2] Räude.

b. Bei sekundären Quellen.

§ 72. Es wurde in § 55 bemerkt, dass in den sekundären Quellen das V Sprachmaterial nicht unmittelbar zu Tage liegt, sondern aus dem Schutt der Kanzleisprache hervorgegraben werden muss. Hiezu sind nun besonders folgende Mittel vorhanden.

a) Man erschliesst das V Sprachmaterial, indem man von L, resp. von V, wie es um 1680 gestaltet war, ausgeht. Dieses ist der hauptsächlichste Weg und leistet Dienste für alle Arten von Sprachmaterial, für Lautstand, Flexion etc.

b) Man schliesst von verwandten Ma aus. So ist in L die Phrase „ƒ uren thuon",[1]) die im benachbarten Dialekt von Unterwalden noch existiert, ausgestorben. Wenn nun die lautlichen Bezüge zwischen diesen beiden Ma genau bekannt sind, so lässt sich die Aussprache des A uren thuon von der Ma von Unterwalden aus ermitteln.

c) Um nachzuweisen, dass ein Ausdruck oder eine Phrase, die in den Archivalien figuriert, wirklich Ma und nicht nur KanzLuz gewesen sei, dafür leistet in sehr vielen Fällen die lokale Kulturgeschichte grosse Dienste. Die Kenntniss dieser Kulturgeschichte kann man sich einerseits durch die Archivalien selber, besonders durch Renward Cysats Kollektaneen, und anderseits durch Segessers Rechtsgeschichte und allerlei Abhandlungen, die besonders im Gfd. abgedruckt sind, wie „F. Fischer, Wappenbüchlein der Pfisternzunft in Luzern, vom Jahre 1408", etc. erwerben.

d) Ein fernerer Weg geht vom Altalemannischen aus.

e) Häufig wird V Sprachgut durch die Quellen selber erklärt und festgestellt, so die Bedeutung eines

---

[1]) Id unter dem Artikel „Ur".

A Wortes durch Parallelstellen oder den Zusammenhang.

§ 73. Damit V Sprachgut mit absoluter Sicherheit eruiert werden könne, ist auch notwendig, dass man sich stets vergegenwärtige, wie viel Belege für den einzelnen Fall notwendig sind.

a) Bald genügt schon ein Beleg, bald braucht es mehrere, bald sehr viele, um uns über eine Spracherscheinung von V Gewissheit zu verschaffen. Wenn ich lese: *tregt ein Stecken mit eim stäffts* 1563, so kann kein Zweifel darüber walten, dass dieses die heutige Form stäfts [-] repräsentiere, mhd. steft, und es braucht keine weitere Belege. Ein ἅπαξ εἰρημένον ist † *büebschis* auf bübische Weise: *er hab das saltz gstolen vnd büebschis heimgfüert*. Allein diese Wortform ist ganz dem Charakter der Ma konform (es ist eine Bildung wie frgäbis [◡–◡] umsonst) daher muss sie Eigentum der Ma gewesen sein, gesprochen: **büepšis [–◡].

b) L hat die alten kurzen „i, u, ü" in „e, o, ö" gewandelt. Hiefür habe ich aus der ersten Periode gar keinen, aus dem Anfang der zweiten nur einen Beleg gefunden: *als er dz re hatt entretten*[1]) 1387. Ich glaube nun, dass dieses einzige Wort „re" zu keinem Schluss für 1387 berechtige, da nach Ausweis des mhd. Lexikons „vehe" neben „vihe" weit verbreitet ist. Hier genügt also ein Beleg nicht.

Ein ἅπαξ εἰρημένον ist ferner die Blasphemia 1516: *ein dufft*[2])*losen man*. Das dürfte ein Schreibfehler sein, da daneben sehr oft die Injurie † *toufflos* vorkommt.

c) In § 78 wird das dämonische Wesen Sträkele [–◡◡] erwähnt. Nun gab es früher eine Fastnachtsbelusti-

---

[1]) mhd. entweten.
[2]) A duft bedeutet Thau.

gung „die Streggelen jagen". Renward Cysat berichtet 1572 darüber, schreibt aber: † *dsteggelen jagen*. Würde nun das Wort nur einmal vorkommen, so könnte man an einen Schreibfehler denken. Da es aber vier mal nach einander figuriert, müssen wir (zumal wegen Anmerkung b) mit dieser Form ohne „r" rechnen. Hier genügen also wenige Belege.

d) Eine grosse Anzahl von Belegen braucht es, wenn auffällige Bildungen vorliegen. So ist mir die Form † *Sähniswib* mit „i" unerklärlich. Es kommt aber so oft vor, z. B. im Thurmbuch 1592, S. 210 b bis 212 a allein sechs Mal, dazu noch mehrere Male in primären Quellen, dass es Ma gewesen sein muss.

e) Eine grosse Zahl von Belegen braucht es ferner, um mit Sicherheit das Datum des Eintretens eines Lautwandels, absolut genommen, zu eruieren. Fände ich z. B. 1520 † *gotz lyden*, 1560 dagegen † *getz lyden*, das wären aber die einzigen Belege dieses Schwures, so dürfte ich natürlich nicht daraus schliessen, im Jahre 1520 sprach man dieses Wort noch mit „o", im Jahre 1560 mit „e". Nun aber ist erstens dieser Schwur überaus häufig aufgezeichnet, und die Belege sind kontinuierlich, Jahr für Jahr, und zweitens kommt die Form mit „e" vor der Mitte des 16. Jahrhunderts gar nie, dann aber mit einem Mal häufig vor und ist nicht etwa blos von einer einzigen Hand notiert. Daher darf man mit hoher Wahrscheinlichkeit sagen: In dieser und in ähnlichen Phrasen ist um die Mitte des 16. Jahrhunderts † *gotz* zu † *getz* geschwächt worden. Belege: *Dz dich* † *getz lyden schende* 1556 — † *getz Crütz* 1556 — † *getz stern* 1573 (siehe § 60) — † *getz touff element* ca. 1560 — † *getz krisem rud touff* ca. 1560.

f) Viel Material braucht es auch, wenn man etwas Negatives oder Einschränkendes beweisen will, z. B.

dass eine Form in einer gewissen Zeit noch nicht existiert habe, etc.

g) Aber umgekehrt giebt es Fälle, wo eine noch so grosse Zahl von Belegen keine Beweiskraft hat. So erscheint im 16. und 17. Jahrhundert L lilaχχe [‿‿] mhd. linlachen überaus häufig als *liglachen*. Das sieht aber viel eher einer gelehrten Umdeutung der KanzLuz ähnlich, als dass man annehmen könnte, es habe in der wirklichen Ma existiert, und, wenn es wirkliche Ma gewesen wäre, so liesse sich nur schwer begreifen, warum es jetzt wieder verschwunden.

Anmerkung a. Sehr oft ist es wünschenswert, dass Sprachmaterial von mehr als einer Hand bezeugt sei, um es als V zu erklären. So braucht ein Schreiber um 1580 mehrere Male den sehr mundartlich klingenden Ausdruck „*Jmme der*" oder „*Jmeder*" für „immerdar", z. B: *aber die jungkfrouw*[1]) *zum adler habe einer genant die lang bäßmerin von rry*[2]) *diß Sommers Jmmeder eyer effkoufft*[3]) — Aber ich habe dieses Wort bei keinem andern Schreiber gefunden, und daher getraue ich mich nicht, es der MaLuz zuzutheilen.

Anmerkung b. Endlich muss man darauf Acht geben, ob der Schreiber überhaupt sorgfältig oder nachlässig schreibt. Wenn ich z. B. finde: *zuo hentzmes tochter* 1398, zu Hentzmanns Tochter, so darf ich das nur dann als Beleg dafür, dass in dieser Zeit das schliessende „n" schon geschwunden, anführen, wenn der betreffende Schreiber überhaupt mit Sorgfalt schreibt, denn ein nachlässiger könnte hier einfach das Abkürzungszeichen vergessen haben. Zur völligen Sicherheit müssen hier übrigens noch die Anforderungen von § 73 c erfüllt werden. Sehr sorgfältig schreibt Renward Cysat, hie und da nachlässig Ludwig Feer und Hans Kraft.

---

[1]) Magd.
[2]) Uri.
[3]) unerlaubter Vorkauf.

Anmerkung c. Die eine und andere der hier aufgestellten
Normen mag in ihrer allgemeinen Fassung allbekannt
sein, indem ich sie aber den speciell schweizerischen und
luzernerischen Verhältnissen anpasste, war es doch nicht
überflüssig, sie zu erwähnen.

c. Schlussbemerkungen.

§ 74. Bei all diesen Raisonnements ist grosse Vorsicht
notwendig. Ich will drei Beispiele anführen:

a) In L hat der Genetiv aller Numeri und Genera das
Suffix „s", z. B:

tueχ [-] Tuch, öpis [-ᵥ] tueχs etwas Tuch;
muetr [-ᵥ] Mutter, s muetrs χläid das Kleid
der Mutter;
glas [-] das Glas, öpis glesrs [-ᵥ] einige Gläser;
brob [-] die Probe, brobe [-ᵥ] die Proben,
brobes [-ᵥ] knue [-] genug der Proben;
tsebele [-ᵥᵕ] fem. die Zwiebel, tsebeles knue
genug der Zwiebeln.

Wenn ich nun 1590 lese: *er habe allein ettwas
zibelens wöllen reichen*¹), und ich daraus schliessen
wollte, die Bildung des Genetivs Plural auf „s" habe
am Ende des 16. Jahrhunderts schon bestanden, so
würde ich fehlgehen, denn neben dem Feminin tsebele giebt es auch ein Maskulin mit Kollektivbegriff.
und dazu kann obiges *zibelens* der nicht auffällige
Genetiv Singular sein und ist es auch.

b) ca. 1560 lese ich: *küe die ful rnd finig*²) *rnd rytt.*
An das Schluss-t von *rytt* knüpft sich eine Abkürzung, die nicht mit Sicherheit leserlich ist. Nun
hat die heutige Ma ein Substantiv feminin rit [-]
eine Kuh, die nicht mehr trächtig wird. Der Plural

---
¹) holen.
²) mhd. phinnec.

dazu lautet rite, in die Schreibart der KanzLuz umgesetzt *ryten*. Man würde nun natürlich sofort obiges *rytt*... zu *rytten* ergänzen. Aber das wäre falsch. Denn es finden sich später Parallelstellen, welche die betreffende Form ohne Abkürzung schreiben, und da lautet es stets: *ryttent* oder mehr mundartlich *ryttet*, z. B: *was von den küen full vnd finig vnd ryttet wer*. Es gab also früher auch ein Verbum *rytten* (= **rite [-◡]), und V verwandte davon das Particip, während L dafür das Substantiv hat.

c) Das Luzerner Kantonsblatt aus dem ersten Jahrzehnt dieses Jahrhunderts giebt für jede Woche die Getreidepreise an, und unter den Getreidesorten figuriert regelrecht auch „*Paschi*"[1]), z. B: *Mühlikorn, Paschi, Gersten* 1804. Da nun dieser Ausdruck in der amtlichen Publikation steht, so hat man geschlossen, dass dieses „*Paschi*" ein Luzerner Idiotismus sei. Sieht man aber die Sache genau an, so wird man finden, das „*Paschi*" stets nur unter den Artikeln des Berner, nicht des Luzerner Marktes figuriert. Es ist also ein Berner und kein Luzerner Ausdruck. Damit stimmt einerseits der Umstand, dass dasselbe eben nur an den erwähnten Stellen vorkommt, und anderseits, das, was Stalder 1, 140 darüber sagt.

§ 75. Im Folgenden zähle ich einiges Material auf, über welches ich nicht ins Klare kommen konnte:

a) Aus dem Lexikon. Im Jahr 1610 findet man in unsern Archivalien zur Bezeichnung des Kurtisanengewerbes folgende Bezeichnungen:

Das arme Leben;
Das Buobenleben;
Das armen Buobenleben;
Das offene Leben;
Das offene Buobenleben;

---

[1]) Mischkorn.

Das schantliche Leben;
Das frye Leben;
Das öde Leben;
Das böse Leben;
Das üppige Leben;
Das gemeine Leben;
Das fule Läben;
Dz vnfromme Läben;
Das arge Leben.

Welcher von diesen Ausdrücken war wirkliche Ma?

War einer von folgenden Ausdrücken um 1580 wirkliche Ma?

Öring Ohrfeige;
Priester Priester;
Adel Adel;
edel edel;
äferen wiederholen;
Wynfüechte Rausch;
Amm Amme;
Getumel Lärm;
rmrysig (end wie wol hans schindler bim rechnen ettwas enrichtig vnd rnrysig wäre allso das Sebastean jnne rnderwysen müesste 1572);
rnratsamlich (engesübert end rnratsamlich);
einmündig unisono;
anheimsch zu Hause;
jungst verrnckts Winters jüngst verflossenen Winters;
Läbendig (oder *läbdig*) lebendig.

b) Aus dem Formenschatz. Hiess um 1300 der Konjunktiv „habeat": *hab, heb* oder *heig?*

VI. Kapitel.

Konkrete Beispiele zum vorigen Kapitel.

§ 76. In diesem Kapitel behandle ich konkrete Fälle, welche die im vorigen Kapitel aufgestellten Normen beleuchten sollen. Die Beispiele sind ganz beliebig gewählt.

Eruierung der Existenz eines Wortes.

In der jetzigen Ma sind die Wörter Hering und Bückling völlig unbekannt. In der I. und II. Periode müssen sie aber existiert haben, denn die durch sie bezeichnete Sache figuriert sehr oft in Zollregistern oder als Marktartikel. Die grosse Zahl der damaligen Fasttage erklärt den Import zur Genüge. Die Schreibung ist, z. B. 1510, † *herig* und † *pückig* — Dass das zu Anfang der dritten Periode häufig vorkommende Wort † *bibly* oder † *bübly* (gesprochen: **böbli [-◡]), auch in der Ma, und nicht nur in der Kanz-Luz existiert habe, ist zum vorneherein anzunehmen, wenn man bedenkt, welche Rolle die Bibel in jenen Bewegungen gespielt, weswegen Sache und Wort dem Volke geläufig sein mussten. Das gilt auch von andern Wörtern wie † *lutherisch;* † *töufferisch;* † *sektisch.*

Ebenso lässt sich durch ein ähnliches kulturhistorisches Raisonnement zeigen, dass die Namen vieler Edel- und Halbedelsteine, die jetzt völlig verschwunden sind, früher, z. B. 1450 in der Ma existiert haben. Zum Familienvermögen gehörte in jener Zeit nicht nur Bargeld, sondern auch Kleinodien. Die Vogtkinderrechnungsbücher, beginnend mit dem Jahre 1422, welche viele Inventarien enthalten, zeigen, dass auch weniger bemittelte Familien immer etwa solche besassen. Und auch die ärmste Person besass wenigstens ein kostbareres *Bätti*[1])*,* das damals ein überaus beliebtes „Götti"-geschenk war. Solche Paternoster waren nun aus verschiedenen Edel- und Halbedelsteinen gemacht, und dieses Material wird in den Inventarien immer genau angegeben. Die geschilderten kulturhistorischen Umstände und diese genaue Angabe zeigen an, dass die betreffenden Ausdrücke dem Publikum bekannt waren. Beispiele aus der Mitte des 15. Jahrhunderts: *ein † kristallin bätti; ein † korallin pater noster; j † katzen tonia*[2]*) pater noster; j † fladeren*[3]*) paternoster; ein † Barillen*[4]*) bättj —* Dazu 1564 *ein † marsteinis*[5]*) bätti.*

§ 77. Im Folgenden zähle ich eine Anzahl von Wörtern und Phrasen auf, die alle im Jahre 1620 in unsern Archivalien figurieren, von denen aber nur die einen der Ma angehörten, während die andern bloss KanzLuz waren.

Im Jahre 1620 waren

nicht Ma:		sondern dafür	
	beherbrigen,		*† gwarsammen;*
"	*bewynet,*	"	*† wynig;*
"	*sich rffhalten,*	"	*† wandelen in, by;*
"	*rnder der Erde,*	"	*† rnder dem Ertrych;*
"	*Fran Muoter,*	"	*† FrauMüeterli* (feminin);
"	*Bosheit,*	"	*† Boskeit;*
"	*lütselig,*	"	*† holdselig;*
"	*ehrlos rnd wehrlos,*	"	*(fast †) ehrlos rnd gwehrlos;*
"	*entwenden,*	"	*† entfrönden;*
"	*Arzt,*	wohl aber:	*arznen, † Arzner, †Arznerin;*

---

[1]) Paternoster.
[2]) Chalcedon.
[3]) mhd. vlederln.
[4]) Beryll.
[5]) marmorn.

nicht Ma: *Schwuor*, wohl aber: † *Schwüerlin*;
. . das Adj. *stumm*, . . das Subst. *Stumm*.

Eruierung der Bedeutung eines Wortes.

Um die Bedeutung ausgestorbener Wörter zu eruieren, muss man solche Stellen haben, wo das Wort in einem erklärenden Zusammenhang, in einem Gegensatz zu andern steht. Wenn ich habe: *er hab ein hembd an rnd ein wiss wullhemlin* 1559, so zeigt die Gegenüberstellung von *wullhemlin* und *hembd* an, dass „*hemlin*" hier nicht seine gewöhnliche Bedeutung „Hemd" haben kann, siehe Stalder 2, 458. — Der Zusammenhang des Sinnes in folgender Stelle: *iij kronen rnd rij batzen an müntz* 1566, zeigt, dass *müntz* hier Kleingeld (nicht Silbergeld) bedeutet. — Ebenso ersehen wir in: *sie luoden den kalcher an die gassen abhär rnd hatten ein wild gefechd rnd schnettern durch ein andern* aus der Zusammenstellung von *gefechd* und *schnettern*, dass *gefechd*, mhd. gevehte in dieser Zeit bereits die heutige Bedeutung „Rumor" hatte — So zeigt ferner der Zusammenhang in folgenden Textstellen genau, was die betreffenden Stichwörter bedeuten: *Was † schluppett das wyb jetzt da embher, rnd*[1]) *so vil zeschaffen Jst* ca. 1580 — *Du † gyslifresser Dellerschlecker rnd flatierer* 1584 — *Frage: ob es krankh gewesen. Antwort: Es hab sich etwan 3 Tag im Houpt gehabt rnd öfftermahl gesagt es habe kein Sinn mehr. Frage: Ob es auch geholffen heüwen.*[2]) *Antwort: Nein es habe niehmal geholffen seit der Zeit das es also r mengluggset* 1680 — *Gesichst du Jn der betstatt han ich din schwöster † kuderet rnd menge hüpsche Frauw darzuo — Trutman het aber in süntlichen dingen mit siur genattern ze schaffen, Nochdem het er ein † töbellen offentlich die füert er in sin huse* 1424 — *rff mentag post Crucis exaltationem hand die bier rnd putsch-*

---
[1]) während doch.
[2]) Heu machen.

macher[1]) *gesworn dz si dz † bier von obs machen vnd darju kein wasser tuon* ca. 1481 — *wer dye syent so zer nacht rff der gassen † görbsent*[2]) *schrigent vnd sust rugefuor tribent* 1489 — Die Blasphemia † *nüt söllender Mann; † nüt sölliger Hudler etc.* wird genau aufgeklärt durch folgende Stellen: *schwager wie hest so hüpsche kalber mine wend*[3]) *hür nütt † söllen.* — *Die wag ist falsch sy † soll nüt* 1564. — *Das Gwäsch*[4]) *hab wüest gstunken vnd nütt † gsöllen.*

Eruierung des Lautwertes.

§ 78. Wenn mhd. geswisterde jetzt kšwöštrti [-˘⏑] oder kšwöšteti [-⏑⏑] lautet, und wenn mhd. geveterde in V als † *gfättete* und † *gfätterdi* belegt ist *(min † gfättete* 1570; *er habe weder gfatter noch † gfätterdi grunnen*[5]) 1558), so ergiebt das den Lautwert: **kfätrti [-⏑⏑] oder **kfäteti [-⏑⏑].

Oder wenn Muskatnuss heute lautet: mošgetnoss [´⏑-] und ich finde: *musgetnuss* 1540; *moschkatuuss* 1550; *musch gadtnus* 1557, so ergiebt sich aus diesen und ähnlichen Belegen, dass die heutige Aussprache um die Mitte des 16. Jahrhunderts schon galt. —

Aus dem Jahre 1384, ältestes Ratsprotokoll Luzern, S. 33 b. ist das Wort † *gehigelle* πόρνη bezeugt, abgeleitet vom Verbum *gehigen*, mhd. gehîen. Das Suffix ele [⏑⏑] zur Bezeichnung weiblicher Wesen kommt nicht selten vor, z. B: A *töibelle*, oder L *šträkele* [-⏑⏑], ein gespensterartiges Wesen (siehe Lütolf Sagen, S. 464). Jetzt müsste das Wort kheijele [-⏑⏑] oder kχeijele [-⏑⏑] lauten,

---
[1]) *putsch* bedeutet eigentlich auch Cidre; was ist nun der Unterschied zwischen „bier" und „putsch" in jener Zeit?
[2]) L görpse [-⏑] bedeutet rülpsen.
[3]) wollen.
[4]) Das flüssige Futter für die Schweine.
[5]) nachgesucht um.

indem „kh" und „kχ" promiscue neben einander gebraucht werden. Wie lautete es im Jahre 1384?

a) Das „e" des Präfixes „ge" war damals schon geschwunden, wie Schreibungen wie *grett, gnommen, gsagt*, die man das ganze 14. Jahrhundert hindurch trifft, beweisen.

b) Aus dem Jahre 1413 findet sich die Stelle *du kygedi huor*, mhd. dû gehîende huore. Und von da an sind Schreibungen mit „k", wie der Imperativ *ky* und die III. Sg. *kyt* häufig. Dieses „k" im Anlaut kann aber nur „χ" oder „kχ" repräsentieren, in unserm Falle kann aber nur von letzterem die Rede sein. Es liefen also sicher schon 1413 „kh" und „kχ" neben einander, und daher möglicher Weise auch schon 1384, da die Zeitdifferenz nicht gross.

c) „i" war damals noch nicht diphthongisiert. Die ersten Fälle finden sich erst gegen Ende des 16. Jahrhunderts, z. B: *die krancheitt der malltzei*[1]) 1580 — *Das haben die Jesuitter erheitt*[2]) *vnd erlogen* 1585.

d) „g" bezeichnet den Übergangslaut „j", siehe Blas-Acc. S. 408.

e) Die Schreibung „ll" hat nach § 71 i weiter nichts zu bedeuten.

Es ist also für 1384 in dem Worte *gehigelle* festgestellt der Lautwert von dem ersten „e" (stumm), „i" (langes i), „g" (Übergangslaut j), zweiten „e" (e [˘]), dritten „e" (e [◦]); „h" war sicher „h", kann aber auch „χ" gewesen sein; was das erste „g" belangt, so ist nicht auszumachen, ob es Lenis oder Fortis (wie jetzt), gewesen.

§ 79. Wenn ich 1583 die Stelle habe: *Hans Bernhard seit Er hab das meittlin ghören schryen Owe Owe Ochelj*[3]) *do haben sy wellenn luogen was es sye do hab Jörgj seiler*

---

[1]) Aussatz.
[2]) gleichbedeutend mit „erlogen".
[3]) ach.

gseit E was sets¹) sin Es hatt ein kuo kalberet die bläret²), so wurden in jenem Jahre die Wörter „*E — bläret*" gesprochen (Pada): e was (oder: was?) set s si s hed e χue kχaλberet (oder: kχalberet?) die plüret.

Eruierung der Sprachformen.

§ 80. a) Wenn ich im 16. Jahrhundert ein paar Mal die Form habe: *† hetzyen³)* statt *hexen*, so ist deren Existenz in der Ma ganz glaublich, denn der Wechsel von „ks" und „tsg" ist unserer und verschiedenen andern Ma eigentümlich, vgl. Winteler PBB 14, S. 455 ff.

b) Der regellose Wechsel von einfachem und zusammengesetztem Präteritum in Sätzen wie: *die Rineckin sluog mit gewaffenter Hant des engels wip vnd het iren eit besсholten* 1384, könnte darauf hinweisen, dass damals, am Ende der ersten Periode, das einfache Präteritum in der Ma bereits ausgestorben war.

Eruierung der Syntax.

§ 81. L verdoppelt Adj. und Adv., um den Sinn zu verstärken, z. B: e guete guete ma. Wenn ich daher finde: *ir sind one geld gwüss⁴) gwüss hets üch min herr ystollen* 1556 (oder 1557), so darf ich die Phrase *gwüss gwüss* mit Sicherheit für die Ma vindicieren.

Eruierung eines Datums.

§ 82. Siehe die Ausführungen über die geschwächte nebenstarktonige Form *getz*, § 73 c, etc.

---

¹) sollte es.
²) brüllt.
³) eine Frau Hexe nennen.
⁴) gewiss.

VII. Kapitel.
Ziele und Resultate.

A. Die niedern Ziele.

§ 83. Die historische Forschung kann erstens den Zweck verfolgen, das sprachliche Material der Ma zu ergänzen, indem sie das ausgestorbene dazu sucht. So ist eine Eigentümlichkeit der schweiz. Mundarten, dass sie Wörter besitzen, die mit der Lautgruppe tš beginnen. Viele solche sind nun ausgestorben, z. B: *Hanss Fuchs ist in M G H*[1]) *Gefenknuß khommen von wegen das er der † Tscharlitaner*[2]) *einer sin sol* 1582 — *† Ein dschamletin*[3]) *Brust* 1586 — *kanst Im das † Tschoss*[4]) *nit versägenen?* 1587.

Bei diesem Zwecke der historischen Erforschung der Ma ist es ziemlich gleichgültig, wie alt der Beleg sei.

§ 84. Des Fernern hilft die historische Forschung dazu, um die geographische Verbreitung eines Wortes oder einer Wendung zu erweisen. Nach dem Id existiert die Phrase „*uren thuon*" nur in Unterwalden. Meine Sammlungen erweisen sie auch für V (siehe § 86 a). Somit sind zum mindesten die beiden Nachbarkantone Luzern und Unterwalden als Verbreitungsbezirk sichergestellt.

§ 85. Die archivalische Erforschung der Ma ist in sehr vielen Fällen wichtig für die Etymologisierung. Erschliessungen früherer Formen und ähnliches geräth, wenn es nur auf dem Wege des Raisonnements geschieht, oft in Irrthum, wie eine Zahl von Fällen in den bisher über schweizerische Mundarten erschienenen Schriften beweisen, z. B:

Wenn ich lese: „Küelanken, beim Backen von Kuchen, Fischen u. a. zurückgebliebene Butter, so geheisssen,

---

[1]) Meiner gnädigen Herren.
[2]) Charlatan.
[3]) kamelotten.
[4]) eine Krankheit in den Schenkeln.

weil die zurückgebliebene Butter auch abgekühlt ist, während sie zum Backen heiss genommen wird", so ist hier „Küel" mit dem gleichlautenden Adj. in Beziehung gebracht. Das ist nicht richtig, zumal da nicht das „Kühlsein", sondern das „beim Kuchenbacken zurückbleiben" das Wesentliche ist. Habe ich nun in meinen Quellen: *der küechelanken der an der jungen faßnacht überbliben* 1575, so sehe ich sofort, dass obiges „Küelanken" aus diesem *küechelancken* gekürzt ist, wie L špir aus mhd. spîcher, A *wuorstier* aus mhd. wuocherstier. — Das bekannte schweizerische Wort hurnigle (chuenegle, etc.) hat schon alle möglichen Deutungen gefunden. So hat man wegen des „r" an horn, hornung, etc. gedacht. Diese Mutmassungen sind falsch, denn die Glossen von Beromünster, die sehr alt sind, und von denen man daher ausgehen muss, enthalten kein „r" — Ebenso lese ich, dass „abgefeimt" das gleiche Bild enthalte, wie frz. raffiné. Nun habe ich aber in V: *welti oehen het gesprochen ze der Birwilin si sie ein recht boes wip vnd ab allen boesen wiben † abgefeimet* 1402, siehe BlasAcc, S. 411. Hierin liegt aber offenbar ein anderes Bild als im frz. raffiné.

Die Phrase äim ts bešt rede [-◡--◡] zu Gunsten von jemanden reden (§ 54) wurde falsch aufgelöst mit „einem zu best (zum besten) reden", „ts" ist hier der Artikel. Das wird bewiesen durch parallele Stellen wie: *Cueni redte jm sin best — der züg hab sin best than* 1599.

§ 86. Wenn sprachliches Material etwas selteneres oder auffälligeres ist, so hat es einen gewissen Wert, wenn man überhaupt einen V Beleg beibringen kann, gleichgültig, wie alt er sei.

a) Aus dem Lexikon: *ein hampffleten*[1]*)* 1551 (siehe § 5) — *wan ich ein lump sigi so sigi sy ein blitzg*[2]*)* 1615 — *Du lügst als ein † attenlosen*[3]*) hůdel*

---

[1]) Hand voll.
[2]) böses Weib.
[3]) vaterlos.

— *Das knablin rnd das meyttli wellent gan gfetterlen*[1]) 1546 — *dyne kind müessend † rerloub*[2]) *essen* 1577 — *Das wätter hatt nächt grusam † rren*[3]) *than* 1584.

b) Aus dem Formenschatz: 1583 will die Zeugin den Lang zurecht weisen, da flucht er und sagt: *Sucramentt wott mich doch Jederman meisteren*. Hier ist V *wott*, KanzLuz *wolte*, L wot [-] deutlich erkennbar schon mit Präsensbedeutung gebraucht.

§ 87. Ich habe diese primitivere Aufgabe der urkundlichen Forschung absichtlich einlässlicher geschildert, denn, da meine Quellen, besonders wegen der in § 65 geschilderten Missstände, nicht gar reich sind, so wird es mir im Verlaufe oft, eben blos diese zu erfüllen, möglich sein.

B. Die höhern Ziele.

§ 88. Ein höheres Ziel besteht darin, mit Sicherheit festzustellen, wann irgend ein Sprachgut zum ersten Male auftritt. Hier müssen die Bedingungen des § 73 erfüllt sein. So kann man bestimmt behaupten, dass die jetzt übliche Umschreibung des Dativs mit der Präp. „in" und dem Dativ, z. B:

    Nom. p muetr {t, muetr} [-⌣];
    Gen. s muetrs [-⌣];
    Dat. e de muetr [-⌣´⌣];
    Akk. p muetr {t, muetr},

aus dem Anfang des 15. Jahrhunderts herrühre. Ältester Beleg: *alle enssern phister sönd ir brot in die schal*[4]) *tragen rnd wz si in den lendern*[5]) *bachhent dz sond si nit gebunden sin in die schäl ze tragen* 1426.

---

[1]) spielen.
[2]) gefallenes Laub.
[3]) Id. unter „ur".
[4]) Verkaufshalle.
[5]) für die Urkantone.

§ 89. Eine andere höhere Aufgabe besteht darin, nachzuweisen, wann ein Wort ausgestorben. Das Wort † *haut Haupt* habe ich zum letzten Mal getroffen 1693: *er hab sich erklagt dass ime nit Rächt im † haut sie* — Heide noch 1730: *Mir*[1]) *haben ein Knab gefunden tot auf freyer † heydt* 1730 — rė, rėwes noch 1743: *ih lauf mih halbet z-† reh* — † *mäuen* noch 1809 (siehe § 45) — † *Putsch* figuriert noch in Erlassen von 1810.

§ 90. Eine fernere höhere Aufgabe besteht darin, nachzuweisen, wie lange ein Lautgesetz lebendig wirksam gewesen. Zwei Beispiele:

a) Die Schwächung von nebenstarktonigen Silben findet sich schon in der ältesten Zeit. Der älteste Beleg für die MaLuz basiert ja darauf. Aber sie findet auch in Wörtern statt, die vor ganz kurzer Zeit in die Ma gedrungen. So existierte das jetzt allgemein gebräuchliche Wort *fielet* [-*] violett im vorigen Jahrhundert in der Ma noch nicht, man sagte dafür † *riönlibrun*, trotzdem ist es auch von der Schwächung getroffen worden. „o" wurde zu „e" [˘] und dieses „e" verband sich mit dem „i" zu einer Silbe.

b) Ferner hat die Ma eine Neigung, an auslautendes „f" ein „t" anzufügen. Schon aus der ersten Periode ist zu belegen *saft* [-], ahd. saf. Viel neueren Datums ist *räift* [-], wofür ich erst 1732 einen Beleg gefunden: *die unanständige Räufft-Röck aber sollen allen Weibs-Personen abgekent seyn*. Kaum ein paar Jahrzehnte alt ist in der Ma das Wort frz. chef, und doch wird es ziemlich allgemein šeft [-] ausgesprochen.

§ 91. Die wichtigste der höhern Aufgaben der archivalischen Forschung hat indes zum Zwecke, einen sprachlichen Wert von seinem ältesten Auftreten bis heute in all seinen Wandlungen genau zu verfolgen. So ist z. B. für I. hoχ-

---

[1]) L mer [-], proklitisch me [˘] wir.

sig [-ᵕ] das Etymon das ahd. hôchzît. Und dieses ist auch die in der ersten Periode häufig belegte älteste Form der Ma. Dieses Wort hat nun folgende Stufen durchlaufen: **hoχtsit [ᷠ-]; **hoχtset [-ᵕ]; **høχset [-ᵕ]; høχsig [-ᵕ] (vgl. § 54).

Die erste Form ist, wie bemerkt, häufig belegt, die zweite wird durch *hochzet* 1590 *(an sinem hochzet)* repräsentiert, die dritte weist die Ma von Leerau auf (§ 62), die vierte ist die jetzt lebende der MaLuz.

C. Die Resultate.

§ 92. Über die Sicherheit und den Umfang der zu gewinnenden Resultate habe ich schon abgehandelt. Hier will ich nur noch einen Gedanken berühren: Wie mannigfaltig werden die Resultate sein, mit andern Worten, wie stark hat sich die Ma seit dem 12. Jahrhundert geändert?

a) Im Lautstand haben sich seit jener Zeit nicht viele Revolutionen vollzogen, jedoch ist die MaLuz keineswegs so starr geblieben wie die schwäbische nach dem Zeugniss Kauffmanns, S. 273, man vergleiche nur § 78.

§ 93. b) Die Änderungen im Wortschatz sind sehr gross. Hiefür liefern uns die BlasAcc. (siehe namentlich S. 405) ein drastisches Beispiel. Dort sind die Schimpfnamen registriert, mit welchen um 1400 das weibliche Geschlecht regaliert wurde, wie: † *babe;* † *lunge;* † *zöele;* † *sac;* † *wülpe;* † *toebellen;* † *gelte;* † *gehigelle;* † *fütin;* † *kratzrrow;* † *tablerin.* Von diesen Ausdrücken ist heute nur noch *lunge,* gesprochen: loññ [-] oder loññe [-ᵕ] vorhanden. Umgekehrt zähle ich Gfd. 38, 209 ca. 50 solcher Schimpfnamen in L auf. Von all diesen findet sich in den Quellen um 1400 kein einziger. Und das Schweigen der Quellen hat Beweiskraft genug für die Nichtexistenz in der damaligen Mundart, da in den bezüglichen Protokollen manchmal zehn Seiten hinter einander nur mit solchen Blasphemie gefüllt, viele solcher Schimpfwörter über hundert Mal belegt sind.

§ 94. c) Ebenso bedeutend ist die Bewegung auf dem Gebiete der Ableitung und Wortbildung.

* α) Schon in der ersten Periode ist das Deminutivsuffix „ti", welches nach dem Laut „l" eintrat, ausgestorben. während es in der benachbarten Ma des Entlebuchs jetzt noch kräftig ist. Ich habe es bloss 1280 ((Gfd. 36, 268) getroffen, dreimal nacheinander, z. B: *An der langrn matta eiz metelti*[1]). Als versteinerter Rest dieser Bildung hat sich erhalten möλti [-◡] Mahlzeit (fast †). Ferner findet sich im Gebiete der Ma zwei Mal der Ortsname Büelti, gesprochen büeλti [-◡].

β) Von den Schimpfwörtern konnten früher Verben abgeleitet werden, wie folgt. Statt mhd. „einem hunt sprechen" sagte V „*einen hunden*" — In der I. Periode kommen nur (siehe § 93 Ende!) vor:

einen † *hunden;*
einen † *dieben;*
einen † *schelmen;*
einen † *buoben;*
einen † *sacken;*[2])
einen † *huoren.*

In der II. Periode nehmen sie rasch zu:
Si hab in † *bankarttet* 1410;
Si hab ju gelotteret (1420?);
Einen keiben 1470;
er habe sy † *gestichlet*[3]) 1485;

---
[1]) eine kleine Matte (Wiese).
[2]) BlasAcc. S. 405.
[3]) Im gleichen Text steht: *er habe greit sy sig ein boeser* † *stichling* (siehe BlasAcc. S. 407.)

Die windeckerin klagt dz der murer, vnd sin wib sy † gediebet vnd † gemeineydet ca. 1485; *geschelmet vnd † gebösuichtet* 1487; † *gepfaffenstichligett* 1487; *sid es sich funden dz si barbely † gehetzgett hät* ca. 1494; † *geprecket*[1]*) vnd gchuoret* ca. 1494; † *gebuobet vnd gelottret* 1495; † *gehenckerhuoret vnd gediebnet* (1500?); *Clagt Elsi die bildhouwerin hab sy gehexet † kinderverdäberet vnd fleischverkönffert*[2]*)* ca. 1509; *einen lumpen* 1510; *geschelmet vnd † geamachtiget*[3]*)* ca. 1510; *gehuoret vnd † diebsgeschlechtet* 1555; *geschelmet vnd † geertzbuobet* 1560; *einen † hüdleren* 1565; *wie inc sin leerknab † hundsgschwabet habe* 1582; *gehudlet und † gemerrenouget*[4]*)* 1587.

Im 17. und 18. Jahrhundert verlieren sich diese Bildungen allmählig wieder, und jetzt hört man nur noch und zwar sehr selten: äine šöλme [-ᵕ⁴ᵕ].

§ 95. d) Auch die Wandlungen auf dem Gebiete der Flexion sind bedeutend, und zwar findet die Bewegung nicht nur im destruktiven Sinne statt. So sind z. B. zwei flexivische Erscheinungen erst in der III. Periode entstanden. Das ist erstens die Genetivbildung auf „s" für alle Genera und Numeri und die Doppelform des Part. Perf. der starken und der „ja" Verben, z. B:

das gäλd ešš kštole; aber:
kštoλniks gäλd, gestohlenes Geld.

---

[1] † *breckin* Hündin.
[2] † *fleischrerköufferin* Kupplerin.
[3] zu mhd. àmaht.
[4] Mährenauge, häufiger Schimpfname.

§ 96. e) Die grössten Umwälzungen haben auf dem Gebiete der Syntax stattgefunden.

D. Schlussbemerkungen.

§ 97. Gerade jetzt geht, wie allgemein bekannt, sehr viel Sprachgut verloren, in Folge der raschen Kulturumwälzungen unserer Zeit, und darum war es hohe Zeit, dass unser Idiotikon entstand. So habe ich nur ein einziges Mal, aus dem Mund einer alten Frau, das Wort empfäñkχnoss [◡´-] gehört, aber dieses beweist mir, dass die Endung *nuss*, welche häufig in der KirchLuz vorkommt, nicht nur eine blosse Schreibung war, sondern in der KirchLuz, z. B. in Gebeten, so (d. h. mit „u" statt mit „i") gesprochen wurde — In der KanzLuz wechselt *Venedig* und *Vinedig* mit einander ab, z. B: *gan finedige sol dz kind gelttenn*[1]) *iij e end lij guldin jn gold als sich dz findet an den schuld brieffen so ze venedige sint.* Nun habe ich ein paar Male die Aussprache finedig [-´◡] gehört, ebenfalls aus dem Munde alter Leute, und das beweist mir, dass für L wie für V finedig [-´◡] gilt.

Die Wallfahrten nach Compostella haben längst aufgehört. Ein einziges Mal habe ich von einer uralten Frau darüber reden gehört und so die Aussprache: kχompištäi̯ [-◡´] festsetzen können. Die Aussprache des au als ai: blai, grai, šlai [-], welche einst die (allein?) herrschende gewesen sein muss, hört man nur mehr sehr selten.

Gerade für die historische Erforschung der Ma ist von grosser Wichtigkeit, dass man auf dieses aussterbende Sprachgut achte, da sich vielfach darunter die letzten Reste einst grosser, reicher Kategorien befinden. So hört man noch die Wendung bös deñ ñ {böss, deñ ñ} = nhd. „böses Ding", im Sinne von „kümmerlich, so la la", also eine

---
[1]) zahlen.

adverbielle Wendung im Akkusativ. V bietet nun eine reiche Fülle solcher Konstruktionen, welche alle verschwunden sind. (Die oben erwähnte wird ihnen bald folgen.) Beispiele: *habe Batt*[1]) *angefangen grusam ding toben rnd habe rnflättig than* 1579 — *wüest ding schryen* 1580.

[1]) Beat.